Farben neu erleben mit der Regenbogenlogik

CHRISTINE KELLER

Farben neu erleben mit der Regenbogenlogik

Bibliografische Information der Deutschen Nationalbibliothek:
Die Deutsche Nationalbibliothek verzeichnet diese Publikation
in der Deutschen Nationalbibliografie; detaillierte bibliografische
Daten sind im Internet über https://portal.dnb.de/ abrufbar.

© 2021 Christine Keller
Buchidee und Text: Christine Keller
3. überarbeitete Auflage: 2021
Satz, Umschlaggestaltung, Herstellung und Verlag:
BoD - Books on Demand, Norderstedt

ISBN: 978-3-7526-1777-1

Inhalt

Vorwort:
Die neue Dimension der Farben

Farbenforschung war schon immer ein Teil meines Lebens. Ein »regenbogenfarbener« Faden zieht sich durch meine Tätigkeiten als Malerin, Lebensberaterin und Lehrerin. Allerdings musste ich mich durch mehrere Meter Fachliteratur hindurch lesen, bis ich endlich den Mut fasste, zu meiner eigenen Vision zu stehen. Diese Vision war ein inneres Bild, das immer wieder erschien, sich beinahe »aufdrängte«, es handelt sich um das Farbschema, das Sie hier in diesem Buch kennen lernen.

Die Farbenlehre der *Regenbogenlogik* ist tatsächlich ganz anders als alles, was bisher über Farben geschrieben wurde. Es ist ein Geschenk des Kosmos, bestehend aus den *acht Farbfunktionen* von Rot, Orange, Gelb, Grün, Blau, Indigo, Violett und Magenta, die sich gegenseitig ergänzen. Das wirklich Neue besteht darin, dass hier die einzelnen Farbaussagen erstmals in einem *engen Zusammenhang* gezeigt werden und dabei, wie der Titel ankündigt, ihre eigene *Logik* entfalten.

Warum habe ich den Regenbogen als Bild für meine Vision gewählt? Der Regenbogen zeigt besonders eindrücklich die prismatischen Farben und ist zudem ein altes Symbol für die Verbindung von Mensch und Gott. Ich versuche damit auch zu zeigen, dass die Beschäftigung mit Farben immer Körper und Geist *gleichzeitig* anspricht. Nur so lässt sich ihre unglaubliche Heilkraft überhaupt erklären.

Zuletzt möchte ich darauf hinweisen, dass dieses Buch ziemlich kulturkritisch daherkommt, was eindeutig die Folge meiner Auseinandersetzung mit den göttlichen Schöpfungs- und Farbgesetzen ist. Ich wurde im Laufe des Schreibens immer nachdenklicher und glaube nun wirklich, dass sich unsere Erde an einem Wendepunkt befindet, an welchem wir rasch und radikal unser Verhalten ändern müssen. Denn erst, wenn wir auf unserem Planeten alle acht Farbfunktionen in ihrem harmonischen Zusammenspiel leben, werden wir das Gleichgewicht, das heisst den Frieden finden!

ROT UND VIOLETT:
DIE ENDEN DES REGENBOGENS

Rote Lebensenergie

Rot ist eine »warme« Farbe, so und nicht anders lautet die Botschaft des menschlichen Körpers. Es sind die *roten* Blutkörperchen, die Erythrozyten, die den Sauerstoff für die Nährstoffverbrennung in die Zellen transportieren. *Rot und Blut* – diese Assoziation steht am Anfang aller Farbvergleiche und ist so grundlegend, dass sie sich auch sprachlich auf der ganzen Welt manifestiert. In vielen Völkern (Hindi, Inuit usw.) ist die Bezeichnung für Rot mit derjenigen für Blut verwandt oder identisch. Im Hebräischen heisst *Adam* »aus roter Erde« und geht auf babylonisch *damu*, Blut, zurück. Ebenso steht hinter *rot, red, rosso, rouge* die Sanskritwurzel *rudhira=* Blut.

Die Farbe des Blutes bedeutet Kraft und Sicherheit. 500 000 Jahre alte Grabbeilagen von rotem Ocker in Ostafrika bezeugen bereits den *symbolischen Schutzcharakter* von Rot. Immer wieder wurden und werden bis heute Rot-Rituale neu erfunden: vom römischen Hochzeitsschleier, über Bänder, Amulette, Körperbemalungen bis zu Lippenstift und Wangenrouge. Speziell beliebt ist das Glück bringende Rot auch in China.

Rot bedeutet Blut, und Blut galt schon immer als Sitz der Lebenskraft. Der Rot-Zauber ist daher eigentlich ein Blut-Zauber und zeugt von Macht über Leben und Tod. Denken wir an bekannte Volksmärchen, in denen Blut eine Rolle spielt. In *Schneewittchen* zum Beispiel kündigen die drei roten Blutstropfen der

Königinmutter im Gegensatz zum »weissen Namen« der Tochter den dramatischen Überlebenskampf an!

Rot war auch eine zentrale Farbe der alten *Jagdkulturen,* wohingegen die späteren *Fluss- und Agrarkulturen* Grün- und Blautöne bevorzugten. So war Rot im alten Ägypten weniger eine Lebensfarbe, sondern bedeutete hauptsächlich Gefahr und Tod. Bei Ägyptens Geografie ist das besonders verständlich. Der Nil mit seinen jährlichen Überschwemmungen garantierte die Fruchtbarkeit des Bodens, während die rote Wüste ein lebensfeindliches Territorium darstellte.

Natürlich kennen wir auch heute noch das hohe Wirkpotential der Verbindung von Rot (Blut) und Gefahr aus verschiedenen Signalisationen. Ein aktuelles Beispiel ist das relativ neue rote Warnschild für Radioaktivität.

Rot ist aber nicht einfach gleich Rot: das Rot des *Blutes* wirkt offensichtlich ganz anders als das Orangerot des *Feuers.* Auch Orangerot ist übrigens mit einer Körpererfahrung verbunden: Wer kennt nicht das Kinderspiel, bei dem man die Augen schliesst und sich dem Licht zuwendet, wobei ein leuchtend orangerotes Farbenmeer erscheint!

Die Farbpsychologie ist sich natürlich bewusst, dass dunkelrote und hellrote Farbtöne ganz verschiedene Aussagen haben und deutet tendenziell das helle Zinnoberrot als *männlich- aggressive* Farbe gegenüber dem *weiblichen, »tragenden«* Weinrot.[1] Hierbei ist zu beachten, dass die geschlechtsspezifische Interpretation von Farben (leider) ein Dauerbrenner ist! Gerade das archaische Rot ist dafür anfällig, denken wir an das volkstüm-

---

[1]   Vermutlich hängt diese Aufteilung von Dunkelrot und Hellrot in weibliche und männliche Aspekte mit einem polaren Denken zusammen, wie es bei den Symbolen von Yin und Yang vorkommt.

liche Klischee vom »männlichen Rot« gegenüber dem »weiblichen Blau«.[2]

Doch zurück zu den ursprünglichen Assoziationen von Rot und Blut, von Rot und Überleben. Hinter Rot steht nämlich die physiologische Funktion des *Blutkreislaufes.* Hier stellt sich unweigerlich die philosophische Frage, warum beim Beginn des Menschenlebens überhaupt ein Herz entsteht, das immer weiter schlägt und den *Takt des Lebens* angibt! Die Vermutung liegt nah, dass hinter dem körperlichen ein geistiger Antrieb stehen muss. Wir haben es hier mit dem Geheimnis zu tun, wie das Geistige überhaupt ins Körperliche dringt. Deshalb müssen wir an dieser Stelle auch klar über eine Sammlung von Fakten und Interpretationen hinaussehen. Es ist eine *geistig-schöpferische Grundfunktion,* die gesucht wird, eine Grundfunktion, die sich uns durch Rot offenbart bzw. durch Rot symbolisiert wird!

Die Farbe Rot stellt uns also vor die Frage: Wie erfolgt der Antrieb des Lebens über den Kreislauf? Der Begriff *Kreis-lauf* drückt es schon selber aus. Es ist eine kontinuierliche, *repetitive* Angelegenheit, ein ständiger Impuls, der zum *Puls* des Lebens wird. Rot symbolisiert daher die *Repetitionsfunktion.* Sie entspricht dem Feuer, das Prometheus den Göttern gestohlen und zu den Menschen gebracht hat. Ins Physische übersetzt, offenbart der Mythos von Prometheus bzw. die Repetitionsfunktion eine Urkraft, die mit *Wärme* aber auch mit *Gestaltung* zu tun hat. Etwas von diesem

---

2 In abgeschwächter Form und mit diametralen Umdeutungen reicht diese Rot-Blau-Farbachse bis in die Pastellfarbenwelt der Babymode. Rosa galt erst als Jungen- und später als Mädchenfarbe. Gekippt hat die Interpretation anfangs des 20. Jahrhunderts, als Blau nicht mehr als Marienfarbe galt. Im Gegenteil wurden blaue Marineuniformen und Arbeitsanzüge nun Vorbilder für die Einkleidung des männlichen Nachwuchses. Vgl. Eva Heller: Wie Farben wirken, Rowohlt, Reinbek bei Hamburg 1989, S. 117f

»göttlichen Feuer« (in der indischen Chakrenlehre spricht man von Kundalinienergie) wohnt als *schöpferischer Impuls* in jedem Menschen. Dieser Impuls oder diese Kraft drückt sich nicht nur in jedem Individuum sondern auch in jeder Lebensphase anders aus. Beim Kind zum Beispiel sind die roten Lebenskräfte bis zur Pubertät noch im ganzen Körper verteilt. Darum haben Kinder ja einen so ungeheuren Antrieb. In der mittleren Lebenszeit konzentriert oder »staut« sich viel Rotkraft im Bauch und in den Fortpflanzungsorganen. Erst nach den hormonellen Umstellungen der Menopause, die ja Frauen wie Männer auf verschiedene Art erleben, wirken die Rotkräfte erneut im ganzen Körper. Darum haben ältere Menschen prinzipiell wieder wie Kinder ein grosses Heilerpotential.

In einem weiteren Schritt müssen wir überlegen, wie wir heute als menschliche Gesellschaft mit der Repetitionsfunktion umgehen. Und hier wird gleich deutlich, dass wir eine regelrechte Entfesselung der Rotkräfte feiern! Die Funktion der Repetition wird immer häufiger *absolut* gesetzt. Wir sehen es in der Wirtschaft und im Konsumverhalten, wo sich die Repetitionsfunktion zur *Gier* verselbständigt. Auch die Weltgeschichte der letzten Jahrhunderte entwickelte einen Hang zu repetitiven Ideen, sprich zu *Ideologien*.
Wenn wir uns nochmals dem Bild des Kreislaufs zuwenden, dann sehen wir, wo das Problem liegt: Die Repetitionsfunktion bedeutet ursprünglich ein *geschlossenes System*. Die Vorstellung eines grenzenlosen Wachstums kann deshalb nur Zerstörung bzw. Selbstzerstörung bedeuten.[3]

---

3   Die dominante Stellung von Rot hat natürlich auch entwicklungsgeschichtliche Gründe. Gemäss den vergleichenden Sprachforschungen von Paul Kay und Brent Berlin erhält Rot nach Schwarz und Weiss aber *vor* allen andern Farben eine abstrakte Bezeichnung im Farbvokabular. Vgl. Basic Color Terms: Their Universality and Evolution, Berkeley 1969.

Die Farbtheoretiker und Rot

Rot, das wird uns im Lauf der Regenbogenlogik immer bewusster werden, ist *die* grosse Herausforderung unserer Zeit. Deshalb ist es gerade hier sinnvoll, uns einen kleinen farbtheoretischen Überblick zu verschaffen. Die heraus gepickten Ansätze zeigen zudem bestens, wie verwirrend vielfältig die Farbenforschung selber ist.

Max Lüscher

... gilt natürlich als Meilenstein in der Farbinterpretation. Er stellte 1947 seinen Test vor, der unterdessen in unzählige Sprachen übersetzt wurde. Lüscher mag eigentlich keine »müden Farben« wie Grau und Schwarz. Das bestätigt er 50 Jahre später in einem Interview zum Thema ROT in Meyers Modeblatt.[4] Im Gespräch mit Meta Zweifel stellt er zudem klar, dass verschiedene Rottöne auch verschiedene Aussagen tragen. Ein Mensch könne also nicht einfach nur ein »munterer Rottyp« sein.

Weiter kritisiert Lüscher eine Farbanalyse nach männlichen und weiblichen Gesichtspunkten. In seinem berühmten Achtfarbentest definierte er Rot allerdings noch folgendermassen:

Rot ist »Willenstosskraft« ... Zeitlich entspricht Rot der Gegenwart, symbolisch der kraftvollen Männlichkeit, den aufstrebenden und phallischen Formen und dem Feuer als geistiger Entzündung, zum Beispiel den Flammen des Pfingstgeistes. Rot will durchdringen, umgestalten und erobern ... [5]

Rot ist ebenfalls die erste Farbe, die nach einer Hirnverletzung wieder wahrgenommen wird!

4   1996, Nr. 34, S. 57ff.
5   Prof. Dr. Max Lüscher: Der Lüscher Test, Rowohlt, Reinbek bei Hamburg 1970, S. 26

Im gleichen Test gibt es übrigens ein *kaltes Rot*, eine Art düsteres Magenta, das Lüscher *Violett* nennt. Jetzt zeigt sich klar, dass Lüscher ein Kind unserer Industriegesellschaft ist. Die Lebendigkeit des Roten wird prinzipiell nicht »im Kreis laufend« als Puls oder Impuls, sondern *extrovertiert* definiert. In andern Worten: *Rot gilt als eine Form der Aggression.* Dafür spaltet sich dann die ursprüngliche Lebendigkeit von Rot in unserer Gesellschaft – wie es Lüscher beispielhaft demonstriert – in einen zweiten magisch wirkenden und nach *innen* gerichteten »violetten« Gegenpol. Das heisst, ein Teil der Eigenschaften von Rot wird auf eine andere Farbe projeziert!

1990 ordnet Lüscher Rot dann dem Begriff *Selbstvertrauen* und dem Prototypen *Robinson* zu.[6] Das tönt zwar weniger kriegerisch, hat aber immer noch, wenn auch in milderer Form, seine aggressive, bzw. erobernde Grundkomponente bewahrt.

Heinrich Frieling und Nachfolge

Der berühmte Farbpsychologe Heinrich Frieling (1910-66) verbindet in seinem Test, dem »Farbenspiegel«, Rot mit *Gefühlen*, Rosa hingegen mit *weiblichem Fühlen*.[7] Wer die frühen Werke Frielings liest, kann sich denken, dass er aus historischen Gründen Männlichkeit nicht mit Rosa verbinden konnte, schrieb er doch in einer Epoche, in der die Nazis Homosexuelle mit *rosa Winkeln* kennzeichneten und internierten!

Der Volksmund weiss: *Rot ist die Liebe.* So wie aber der Liebesbegriff dehnbar ist, so auch die Interpretation von Rot als Gefühlsfarbe. Beim Ehepaar *Inge und Gerd Schilling,* Schülern Frielings,

---

6   Der 4-Farben-Mensch, Goldmann, München 1991, S. 26
7   Muster-Schmidt Verlag, Göttingen 1955, S. 15ff.

heisst es dann: *Im Rot sitzt über dem Herzen das Ich, das Ego: Hier bin Ich zu Hause.*[8]

Rot, die astrologische »Löwenfarbe«, gehört in Schillings Buch nicht zum Denken, sondern zum *Handeln,* eine weitverbreitete Gleichschaltung. Die Schillings verbinden Rot, das Ich-Symbol, auch mit Tatendrang und Impulsivität, also mit der *aktiven Seite* ihres Farbenkreises. Der rote Farbbereich im Kreis wird dabei klar als das *männliche Powerprinzip* verstanden.

Werfen wir nochmals einen Blick auf Lüscher, für den Gefühle und Bindung durch *Blau* verkörpert werden. Im seinem Achtfarbentest bedeutet Dunkelblau (Indigo) *Gefühlstiefe,* was auf die passive Interpretation von Blau als *Ruhe und Entspannung* zurückgeht. Blau wird deshalb bei Lüscher *Voraussetzung für Einfühlung, ästhetisches Erleben und besinnliches Nachdenken.*[9]

Wenn auch solche Definitionsvergleiche wie zwischen Frieling und Lüscher zuerst irritieren, so sind sie doch nötig. Denn es wird etwas klar, was schon der gesunde Menschenverstand weiss, was aber bei all der theoretischen Präsentation wieder vergessen geht, nämlich dass das »Rot-Gefühl« Frielings nicht dem »Blau-Gefühl« Lüschers entspricht! Zwar haben beide Farbtheoretiker funktionierende Testverfahren geschaffen, dennoch bleibt die fixe Zuordnung der Kategorien »Fühlen« und »Denken« sowie »männlich«

---

8   Symbolsprache Farbe, Knaur, München 1996, S. 52. Rosa ist auch bei ihnen ganz im Stil Frielings mit Zartheit/Zärtlichkeit verbunden, es ist das *kraftlose Gegenstück von Rot* (S. 97). In einem Kurzcharaktertest zu den Vorzugsfarben wird in der Auswertung als einmalige Geste zwischen »Rosa für Frauen und Rosa für Männer« unterschieden! Männer, die Rosa wählen, werden aber positiv beschrieben als *sensibel* und mit einem *hervorragenden Gespür für die besonderen und ungewöhnlichen Dinge des Lebens.* (S. 121)

9   Prof. Dr. Max Lüscher: Der Lüscher Test, S. 22

und »weiblich« zu bestimmten Farben ein fragwürdiges Unter-
fangen!

Aura Soma

Das System mit den Farbfläschchen wurde in den 80er Jahren
durch die beinahe blinde (!) englische Apothekerin *Vicky Wall* geschaffen. Verschiedene philosophische Deutungsansätze, wie die
Kabbala, machen die therapeutische Arbeit mit Aura-Soma un-
berechenbar aber auch spannend.[10]

Als alternative Heilprodukte füllte Vicky Wall zweifarbige Was-
ser-Öl-Emulsionen in Fläschchen ab, um sie anschliessend noch
zu benennen. Die *Namensgebungen* bilden dabei den Schlüssel,
um ihr System zu verstehen. Aus bescheidenen Anfängen ist über
die Jahre hinweg eine eigentliche Fabrikation geworden und das
Fläschchenarsenal (unterdessen über 100 Stück) wächst auch
heute noch an. Das Sortiment an Farbkombinationen dient als
Ausgangslage sowohl für Behandlungen als auch für Farbentests.
Bei den Tests wählen die Klienten für ein sogenanntes »Reading«
jeweils vier Fläschchen. Damit werden wie bei Lüschers populä-
rem Test insgesamt acht Farben von links nach rechts interpretiert.

Rot, die Farbe der Lebensenergie, spielt bei Aura-Soma auf eher
untergründige Art eine Hauptrolle. Vicky Wall behauptete nämlich beharrlich, dass jeder sein Hauptfarbenthema habe, das sich
in der bevorzugten Wahl seiner »Seelenfarbenflasche« zeige. Dazu
ihr Imperativ: *Du bist die Farben, die du wählst.* Die Lieblingsflasche
von Vicky Wall (mit der sie sich also selber definierte), ist »Gelb

---

10   Vicky Wall: Aura Soma. Das Wunder der Farbheilung und die Geschichte
      eines Lebens, Nietsch, Emmendingen 2006

über Rot« und trägt den schönen Namen *Sonnenuntergangsflasche*. Zusammengemischt ergeben Rot und Gelb die vitale gelbrote Marsfarbe aus Lüschers Achtfarbentest!

Die Anziehungskraft dieser Farbkombination lässt sich aus Vicky Walls Biografie erklären. Früh verlor sie ihre Mutter und erlebte dann ein eigentliches Stiefmutter-Trauma. Die *Sonnenuntergangsflasche* ist hier in der Tat die Farbkombination eines »Schneewittchens«, das seine Lebenskraft gegen den Schatten der Mutter durchsetzen muss.

Ein Mutterkomplex an der Basis der Aura-Soma-Organisation wird für mich durch einige Auffälligkeiten bestätigt. Das beginnt damit, dass die Flaschen selber wie Geschöpfe definiert werden. Sie werden im Jargon der Aura-Soma Begründerin und ihrer Nachfolger *geboren* und wie in einem Taufakt benannt. Dazu passt auch, dass die Gemeinschaft der Aura-Soma Praktizierenden oft als *family* angesprochen wird.

Rudolf Steiner

Wie fasst er als »geisteswissenschaftlicher« Verwalter von Goethe-schem Gedankengut die Farbe Rot auf? Goethe selber verwendete ja in seinem sechsteiligen Farbenkreis ein feuriges Orangerot sowie ein Purpur, dessen Idealvorstellung er am ehesten durch das getrocknete Pigment von Karmin verwirklicht sah.[11]

Steiner ist seinem Vorbild Goethe natürlich nicht in allem gefolgt, doch auch er teilt den Rotbegriff auf. Der Ausdruck *Pfirsichblüth* steht bei ihm für das *Inkarnat*. Welcher Farbton genau damit

---

11   Johann Wolfgang Goethe: Farbenlehre, Band 1, Hrsg. von Gerhard Ott und Heinrich O. Proskauer, Verlag Freies Geistesleben, Stuttgart 1992. Sinnlich-sittliche Wirkung der Farbe, Pkt.792

gemeint ist, konnte man mir auch im Steinerschen Farblabor nicht erklären. In der Natur sind Pfirsichblüten rosa mit einem dunkelroten Zentrum. Wahrscheinlich ist mit Pfirsichblüth eine ganze Farbskala gemeint, die sich auf die Haut bezieht, eine Skala, die nach Steiner *das lebendige Bild der Seele* darstellt. Es ist in seinem Modell eine *Bildfarbe* im Gegensatz zum eigentlichen Rot (des Blutes?), einer sogenannten *Glanzfarbe*: Rot ist der *Glanz des Lebendigen*. Diese verschiedenen Farbebenen von *Bild* und *Glanz* könnten darauf hinweisen, dass Steiner radikaler als andere Theoretiker mit der Vitalität von Rot »gebrochen hat«.[12]

Sind es Lebensängste oder mangelndes Urvertrauen, die ihn sagen lassen: *Wenn man im Rot erleben kann das Erstrahlen und Erglühen des göttlichen Zornes mit allem, was an Möglichkeiten des Bösen in der menschlichen Seele liegen kann ... ?*[13] Durch Beten, fährt Steiner dann gleich fort, könne man zur *göttlichen Barmherzigkeit* im Kern gelangen, dargestellt durch Rosa-Violett. Die volle Opposition von Rot wie Blut und Feuer gegenüber dem gedämpften Inkarnat klingt hier an. Es ist eine Opposition, die an die jüdische Kabbala erinnert, wo Rot die Strenge und Blau (bei Steiner im Violett enthalten), die Barmherzigkeit Gottes bedeutet.

Steiner spricht sogar diametral zu vielen andern Farbpsychologen, Rot die Willenkomponente ab und verschiebt sie in den Blaubereich. Rot, der Lichtpol, vertritt bei ihm die Gedankenwelt. Die Gedanken wiederum stammen aus der Vergangenheit, eine Idee, die der Astronomie entlehnt sein könnte. Der Wille, der sich

---

12   Rudolf Steiner: Das Wesen der Farben, Dornacher Vorträge von 1921-24, Rudolf Steiner Verlag, TB, 1986, S. 21ff und 39ff. Der Begriff *Pfirsichblüth* hat meiner Meinung nach in der Hautfarbe *Koralle* bei Aura-Soma seine Fortsetzung gefunden! *Koralle* ist wirklich lachs- oder fleischfarben und bezieht sich auf die Heilung von Selbstwert- und Beziehungsproblemen wie unerwiderte Liebe.

13   ebda. S. 99f.

nach Steiner in der Materie, im blauen Dunkelpol, befindet, weist dann logischerweise in die Zukunft. [14]

Wassily Kandinsky

Ganz anders schlägt sich der Künstler und Kunsttheoretiker Kandinsky mit der Lebendigkeit von Rot herum. Seine Beschreibungen der Farbwirkungen werden wegen ihrer Anschaulichkeit immer gerne zitiert:

Das Rot, so wie man es sich denkt, als grenzenlose, charakteristisch warme Farbe, wirkt innerlich als eine sehr lebendige, lebhafte, unruhige Farbe, die aber nicht den leichtsinnigen Charakter des sich nach allen Seiten verbrauchenden Gelb besitzt, sondern trotz aller Energie und Intensität eine starke Note von beinahe zielbewusster immenser Kraft zeugt. Es ist in diesem Brausen und Glühen, hauptsächlich in sich und sehr wenig nach aussen, eine sozusagen männliche Reife. [15]

Altbekannte Themen erscheinen hier wie die Zuordnung von Rot zum Männlichen. Dazu kommen später im Text musikalische Vergleiche mit Fanfaren, Tuba und Trommel.

In seinem polaren Schema platziert Kandinsky Rot zwischen dem *exzentrischen* Gelb und dem *konzentrischen* Blau, als Farbe, die *Bewegung in sich hat.* Das trifft genau das Bild des Blutkreislaufs, des Kreislaufs überhaupt.[16] Als typischer Künstler geht Kandinsky auch gleich von einer ganzen Palette von Rottönen aus:

Dieses ideale Rot kann aber in realer Wirklichkeit grosse Änderungen, Abschweifungen und Verschiedenheiten dulden. Das Rot ist sehr reich

14 ebda. S 119ff
15 Wassily Kandinsky: Über das Geistige in der Kunst, Benteli, Bern 1952, S. 99
16 ebda. S. 97

und verschieden in der materiellen Form. Man denke sich nur: Saturn-rot, Zinnoberrot, Englischrot, Krapplack, vom hellsten in die dunkelsten Töne! [17]

Im Sinne des Bewegungscharakters von Farben stellt Kandinsky fest, dass es Rot, je mehr Gelb darin enthalten ist, umso stärker zum Menschen zieht.[18]

Wahrscheinlich müsste man Kandinskys Einstellung zu Rot als *unverkrampft* bezeichnen. Unter den bereits erwähnten Theoretikern steht er natürlich näher bei Lüscher als bei Steiner. Das bestätigen seine angstfreien Beurteilungen der verschiedenen Rotwirkungen sowie die überraschend negative Bewertung von Violett-Rosa mit den Worten *krankhaft, erlöscht* und *traurig*.[19] Wir erinnern uns: Steiner hatte in diesem Farbzusammenhang noch von *Gnade* gesprochen!

---

17   ebda. S. 99
18   ebda. S. 102
19   ebda. S. 102

Mitgefühl und Mathematik

Rot galt schon immer als eine »Sonnenfarbe«, als Symbol von Feuer und Licht und hat damit eine direkte Beziehung zur religiösen Deutung. Beispiele aus der Bibel kennen wir: Moses hörte Gottes Stimme aus dem *brennenden Dornbusch* und an Pfingsten kamen die *Feuerzungen* des heiligen Geistes über die versammelte Gemeinde. Auch die »brennenden« Engel der Begeisterung, die *Serafim*, werden rot dargestellt. In der psychologischen Interpretation fächert sich dann das himmlische Feuer auf und bezieht sich auf das ganze menschliche Gefühlsspektrum von Mut, Wut, Liebe, Hass und Opfer bis zu Gewalt. Eines bleibt sich gleich: Die Assoziationen zu Rot sind stets sehr machtvoll, denn sie vertreten nichts Geringeres als ein Abbild des innersten schöpferischen Impulses, der *Repetitionsfunktion.*

Gehen wir einen Schritt weiter, wobei es hilfreich ist, ausser der christlichen, noch andere religiöse Rotdeutungen zu betrachten. Im tibetischen Buddhismus gibt es die *zornvollen* roten Gottheiten, aber auch den Buddha *Amitabha*, der das geläuterte Feuer repräsentiert. Amitabha heisst *grenzenloses Licht.* Auch hier wieder die Verbindung von Rot und Licht! Mehrere Buddhagestalten werden im tibetanischen Buddhismus jeweils zu einer »Familie« mit bestimmten Farbaussagen zusammengefasst. Amitabha gehört nach dem tibetanischen Totenbuch zur *roten Padmafamilie,* der die Seele am vierten Tag nach dem Tod begegnet.[20] Das rote Licht *der Vorstellungskraft* und *des kritischen Bewusstseins* wird durch Amitabha ausgestrahlt.

Zur roten Padmafamilie gehört auch *Avalokitesvara*, ein Buddha der Erbarmen ausübt, *indem er in alle Richtungen schaut.* All diese

---

20 Das Totenbuch der Tibeter mit einem Kommentar von Chögyam Trungpa, Diederichs, Kreuzlingen 2002, S. 44ff.

Eigenschaften der beiden Buddhas bilden das, was man eine *intelligente Rotkraft* nennen könnte. Mit einem »westlichen« Schlagwort benannt handelt es sich bei der roten Padmafamilie um die sogenannte *emotionale Intelligenz*. Wenn heute ein EQ, ein emotionaler Intelligenzquotient, diskutiert und verlangt wird, so spiegelt dies unser dringendes Bedürfnis nach einer *geistigen* Rotkomponente. Eine ursprüngliche Be-Geisterung sollte wieder in Denken und Handeln einfliessen, aber eben nicht eine blinde, sondern eine *sehende* Begeisterung, die aus Gefühl *Mitgefühl* entwickeln kann.

Schauen wir ein typisches europäisches Märchen zur Rot-Problematik der emotionalen Intelligenz an. Es ist dies die Geschichte von *Rumpelstilzchen*, die ihre Dynamik der gierigen »roten« Wunschkraft aller Beteiligten verdankt. Den König (den menschlichen Geist), verlangt es nach Gold, worauf der Müller (der Intellekt), anerbietet, dass seine Tochter Stroh zu Gold spinne. Die Müllerstochter, das Sinnbild der menschlichen Seele, beansprucht für diese »unmenschliche« Aufgabe die Hilfe von *Rumpelstilzchen*. Hier kommt die Hauptfigur ins Spiel, ein magischen Naturwesen, das im Wald wohnt, um ein Feuer tanzt und singt: *Ach wie gut, dass niemand, weiss, dass ich Rumpelstilzchen heiss.*

Der Mensch hat also über seine Seele direkten Zugang zu den (göttlichen) Naturkräften, zum Rumpelstilzchen im Wald, d.h. in seinem Unbewussten. Die roten Naturkräfte aber haben ursprünglich die Aufgabe, das Geheimnis Gottes zu verbergen. Das wussten die Indianer, die vom »grossen Geheimnis« sprachen. Das weiss auch die Bibel, wenn die roten Serafim als Wesen dargestellt werden, die *Gott verdecken*.

Es ist daher klar, dass Rumpelstilzchen, wenn es sich schon aus seinem Wald heraus begibt, inkognito auftritt. Allerdings verlangt es parallel zur Gier des Königs einen immer grösseren Lohn für seine magischen Dienste, am Schluss sogar das Kind der zur Königin gewordenen Müllerstochter. An diesem Punkt zeigt sich die ganze Destruktivität der missbrauchten Lebenskraft. Es ist aber gleichzeitig der Moment, in dem das Märchen kippt und eine Lösung anbietet: Rumpelstilzchen gibt der Königin noch eine letzte Chance, indem sie seinen Namen herausfinden soll. Nur dann darf sie ihr Kind behalten.

Die geheimnisvolle Lebenskraft (die Funktion von Rot) muss jetzt also doch benannt werden, denn nur »was benannt ist, ist gebannt«. Benennen bedeutet bewusst machen und nur so kann das Königskind, *das Sinnbild der Entwicklung*, gerettet werden! Was geschieht dabei mit Rumpelstilzchen? Als sein Name entdeckt wird, zerreisst sich es sich selber in seiner unermesslichen Wut. Das heisst, der unbewusste Teil der Gier löst sich von selber auf!

Um einen Bewusstmachungsprozess, wie ihn *Rumpelstilzchen* aufzeigt, geht es auch in dieser Farbenlehre. Die Benennung der Kraft von Rot als *Repetitionsfunktion* lädt ein, *ganzheitlich* über deren Wesen nachzudenken. Tatsächlich bilden bei Rot, dem wiederholten göttlichen Impuls der Begeisterung, ursprünglich Wille, Gedanke, Gefühl und Antrieb eine sinnvolle Einheit. Es ist nichts anderes als die zuerst potentielle, dann realisierte Kraft des *Zählens und der Zahl*. Von den alten Griechen bis zur Quantenphysik, schon immer wussten die Menschen in ihrem Innersten, dass es eine *heilige kosmische Intelligenz* gibt.

Formuliert haben dieses Wissen die Religionen, und zwar jede in ihrer Art. Im Weltbild der Kabbala zum Beispiel bedeutet die rote Sphäre *Geburah* »Strenge«. Es handelt sich dabei um eine »wissende« Strenge, um das geläuterte Feuer der emotionalen Intelligenz. Im Christentum entspricht Geburah dem Motiv des Weltenrichters, der weise und gerecht urteilt.[21] Immer geht es um

---

21   Zur Problematik des Richtens vgl Kapitel »Rotes Herz – Grünes Herz«

eine Rückkoppelung mit der ursprünglichen schöpferischen Intelligenz, die in ihren Waagschalen *abzählt und abmisst*.[22]

Ich fasse zusammen: Wenn Rot die Repetitionsfunktion darstellt, dann bedeutet das nicht ein sinnloses Aneinanderreihen von irgendwelchen »Dingen«. Es handelt sich um eine *intelligente Kraft*, die urteilt. Die Intelligenz beginnt also bereits beim Teilen, denn erst wenn Teile (aus einem Ganzen) entstehen, so ist die Möglichkeit von *kontinuierlichem Leben* gegeben. Dass dieses Teilen und diese Teile zu irgendeiner Ordnung führt, sprich, dass geschöpft wird, setzt ein Bewusstsein voraus, das *in alle Richtungen sieht,* wie wir es im tibetanischen Totenbuch gesehen haben. Es setzt auch voraus, dass im Schöpfungsprozess Raum- und Zeitdimension geschaffen werden für Ausbreitung und Positionierung von Energie.[23]

In der Bibel steht, dass Gott die Welt nach Zahl und Mass geschaffen hat. Gott hat aber auch dem Menschen als Geschöpf Einsicht und einen (relativ) freien Willen in Bezug auf seine Schöpfung mitgegeben. In den Worten der Regenbogenlogik bedeutet dies, dass der Mensch über die unterscheidende Intelligenz der *Repetitionsfunktion* verfügt. So hat der Mensch zum Beispiel das Zusammenrechnen erfunden bzw. »gefunden«, denn die Anein-

---

22 Auch in der *persisch-islamischen Mystik* des Mittelalters ist Rot mit kosmischer Erkenntnis verbunden. Zum Erzengel Gabriel, der dem Reich der Natur vorsteht, gehört Rot, die Farbe von Wissen und Offenbarung. Vgl. Henry Corbin: Paris-Téhéran. Réalisme et symbolisme des couleurs en cosmologie shî'ite, Eranos Jahrbuch Nr. 41, S. 109ff.

23 Raum- und Zeitaspekte werden im Zusammenhang mit andern Funktionen noch genauer besprochen! Es gibt zur Schöpfungsordnung übrigens einen höchst interessanten mathematischen Erklärungsansatz von Peter Plichta: Gottes geheime Formel. Die Entschlüsselung des Welträtsels und der Primzahlencode, Langen Müller, München 1995.

anderreihung von materiellen oder immateriellen Dingen führt zum Begriff der Zahl. Die Rotenergie ist also verbunden mit der *menschlichen Fähigkeit zur Mathematik.*

Bei alldem darf nicht vergessen werden, dass durch die rote Kraft der Repetition dennoch eine Welt der *Verschiedenheit* erschaffen wird! Das heisst, dass die Repetitionsfunktion nicht einfach, sondern in ihrem Wesen, ihrem »inneren Wissen«, bereits *komplex* ist! Als Impuls kann man sich die Repetitionsfunktion zwar als *Gleichheit* bzw. als *Gleichmässigkeit* vorstellen, denn das Leben baut sich regelmässig in alle Richtungen auf durch die Repetition von Elementen. Doch totale Gleichmässigkeit würde zum Chaos und damit zu einer Art Blindheit führen! Deshalb ist es die göttliche Weisheit, die bereits hier Unregelmässigkeiten und damit Verschiedenheit schafft. Der Repetitionsimpuls ist damit von Anfang an mit dem kosmischen Ordnungsprinzip verbunden, das wir im Zusammenhang mit einer andern Funktion noch kennen lernen werden. (Wir merken, dass es sich bei der Regenbogenlogik um ein zusammenhängendes System und nicht um isolierte Einzelfunktionen handelt!)

Erst durch die Unregelmässigkeiten der Repetitionsfunktion können also Formen, besser gesagt kann eine Formenvielfalt entstehen! Formen aber bedeuten *Grenzen* und diese ermöglichen die Wahrnehmung von Dingen und Wesen. *Psychisch* bedeutet Begrenzung die Entstehung eines *Ich* (eines Ich-Bewusstseins). Die Bedeutung von Rot als Ich-Farbe hat also ihre tiefe Berechtigung. Man sieht dies vor allem bei Kindern, die, wie schon Goethe beobachtete, Rot lieben.[24] Denn Rot repräsentiert nicht nur das Ich, es zieht auch farbenpsychologisch eine schützende Grenze darum.

---

24   Sinnlich-sittliche Wirkung der Farbe, Punkt 775 Vgl. auch I. und G. Schilling S. 9 mit ihrer Definition von Rot als Ich-Farbe.

Wir kommen zu einem weiteren wichtigen Punkt: da Rot einem Kreislauf, d.h. Kontinuität entspricht, gehört die Repetitionsfunktion auch zum »*Rad der Wiedergeburt*«, zum *Karma*. Man kann eine Wiederholung eines Lebens (inklusive Leiden) als lästig bezeichnen wie im Buddhismus. Man kann das Rad der Repetition aber auch als Chance für Wachstum und Neugestaltung verstehen.

Diese Deutung des *kreativen Impulses von Rot für unsere persönliche Weiterentwicklung* treffen wir auch bei der Heilerin Mary D. Weddell an.[25] Im roten Farbfächer *Metamorphose* wird die tiefgreifende Auseinandersetzung des Menschen mit seinen Absichten besprochen. Die Tugenden der Wahrhaftigkeit und des Mutes gehören dazu. Rot ist die Farbe der Taten, auch der spirituellen Taten, wobei eben die »emotionale Intelligenz« der Persönlichkeit gefordert wird!

Der Mensch hat also nicht nur die Fähigkeit, über die Mathematik die Gesetze der Natur kennen zu lernen, er muss auch lernen, seine eigenen Energien zu beherrschen. Was ist mit dieser *Selbstbeherrschung* gemeint? Es geht in erster Linie um eine charakterliche Reinigung, die »Taufe mit Feuer«, von der Jesus sprach. Vielen Menschen ist dies aber in ihrem materiellen Denken zu wenig. Die Funktion von Rot, die Kraft des repetitiven Impulses auch am eigenen Körper zu beherrschen, ist der Traum vieler schamanischer Praktiken oder spiritueller Bewegungen, man denke nur an *Osho*. Es geht bei dieser Suche nach »Wundern« um nichts Geringeres, als um die Beherrschung der Kundalinikraft. Der Mensch ist dabei aber einer grossen Gefahr ausgesetzt, denn die Kraft der Repetition, des Schöpfungsimpulses, ist eine Riesenenergie, die man sich am besten als eine Art AKW vorstellen muss. Die Schwingung in Körper und Seele muss schon sehr hoch

---

25 Mary D. Weddell: Schöpferkraft der Farbe, Bauer, Freiburg im Breisgau 1995, S. 58f. und 82ff. (Erstausgabe 1988)

sein (wie sie es zum Beispiel bei Jesus war), damit diese Energie ohne Schaden »erweckt« werden kann. Die publik gewordenen Fälle spontaner Verbrennungen, in denen Menschen (wie Rumpelstilzchen!) plötzlich zu Aschenhäufchen zusammenfielen sind Beispiele für solche »Kundaliniunfälle«. Die *Metamorphose* des Ich durch die Rotenergie, wie es Mary Weddell so schön ausdrückte, muss also Schritt für Schritt, im Zusammenhang mit den andern Schöpfungsfunktionen erfolgen!

Blauer Planet zwischen Rot und Grün

Farben stehen immer zueinander in Beziehung. Diesen unumstösslichen Grundsatz müssen wir nun auf Rot anwenden, zuerst eher konventionell, in den folgenden Kapiteln dann im Zusammenhang mit den acht geistigen Funktionen der *Regenbogenlogik*.

Rot hat bekannterweise *Gegenspieler im Farbenkreis*. Dies sind Blau- oder Grüntöne, je nachdem ob das Rot kalt oder warm ist. Kaltes Rot und warmes Grün (bildlich: Orchidee und Palme) sowie warmes Rot und kaltes Grün (bildlich: Weihnachtsstern und Blautanne) sind die Farbenpaare, die sich im Farbenkreis gegenüber liegen. Dieser Farbenkreis, eigentlich das zum Kreis geschlossene Regenbogenspektrum, weist bei richtiger Bearbeitung der Farbwahlen den sogenannten *Komplementärfarbeneffekt* auf. Das bedeutet, dass sich gegenüber liegende Farben als Pigmente zu Grau mischen.

Das komplementäre Verhalten von Farben lässt sich natürlich auch physiologisch weiter verfolgen. Ein bekanntes Phänomen, das auch Goethe stark beschäftigte, ist das von der Netzhaut produzierte gegenfarbige Nachbild,[26] der *Sukzessivkontrast*. So entsteht z.B. ein grünliches Gegenbild, wenn man eine Weile Rot fixiert und dann auf eine neutrale (graue oder weisse) Fläche blickt. Logischerweise funktioniert auch die menschliche Netzhaut selber komplementär. Ihr Rezeptorenfeld verfügt über zwei grundlegende Gegenspieler, die Paare *Rot-Grün* und *Gelb-Blau*.[27]

---

26 Physiologische Farben, Punkt 50

27 Vgl. die Gegenfarbentheorie von Ewald Hering. Grundsätzlich entstehen Farben aber erst als *Empfindungen im Gehirn*! Dort werden die Daten aus dem Auge verrechnet, identifiziert und sprachlich benannt. Interessanter-weise geschieht der Prozess des Farbensehens im Verhältnis 3:4, d.h. den *drei* Zapfentypen auf der Retina (Rot/Grün/Blau) stehen *vier* Grundempfindungen (Rot/Grün/Gelb/Blau) gegenüber. Der Gelbeindruck wird dabei aus Rot- und Grünrezeptoren zusammengesetzt.

Wenden wir uns jetzt der Kunst zu, denn Künstler sind absolute Spezialisten für Farbzusammenhänge! Als sich die Malerei vom 19. zum 20. Jahrhundert auf dem Weg zur Abstraktion eingehend mit Farbauffassungen auseinandersetzte, war ein bahnbrechender Beobachter *Augusto Giacometti*. Er beschäftigte sich intensiv mit Gegenfarben und auch mit Farbquantitäten, wie sie in der Natur sichtbar sind: *Dass bei uns Rot eine so starke Wirkung erzielt, hängt mit unserer Landschaft zusammen die, als Ganzes gesehen grün ist. Das Blau des Sees, das Dunkelblau der Albiskette und das Blau des Himmels sind, wie wir sahen, eine der beiden Komponenten des Grüns. Sie heben es also nicht auf.*

In der Sahara, in Touggourt, wo die Lehmbauten rot wirken und alles in eine warme, farbige Atmosphäre eingebettet liegt, ist Grün die Komplementärfarbe. Als ich dort war, kam eines Morgens durch die leere Hauptstrasse der Stadt ein kleiner Esel, der mit grünem Gemüse beladen war. Die Ladung war sehr klein, aber die Wirkung des Grüns ausserordentlich. Dort habe ich zum ersten Mal gesehen, was Grün ist. Die Innigkeit des Grüns war unbeschreiblich ...[28]

Von Giacometti her lässt sich weiterdenken. Unsere Erde wird *blauer Planet* genannt. Dennoch ist heute vielen Menschen bewusst, dass die Rotkomponente in Form von Wüsten- und Steppenflächen in verhängnisvoller Weise zunimmt. Rot, die ursprüngliche Farbe für Blut und Feuer, ist die Symbolfarbe für unsere Industriekultur, die die Repetitionsfunktion absolut gesetzt hat.[29]

– In diesem Zusammenhang ist auch die Vermutung zu sehen, dass sich das Rot-Grün-Rezeptorenpaar aus einem Ur-Rezeptorenpaar Blau-Gelb entwickelt hat. Vgl. Reinhold Sölch: Die Evolution der Farben. Goethes Farbenlehre in neuem Licht, Ravensburger/Seemann Verlag, Leipzig 1998 und Prof. Ernst Peter Fischer: Die Wege der Farben. Von der Physik des Lichts über die Gene ins Gehirn. Regenbogen Verlag, Konstanz 1994

28 »Die Farbe und ich«, Vortrag gehalten am 14.11.1933 im Studio Fluntern/ Zürich

29 Vgl. Seite 7

Put on your red shoes and dance the blues ... singt darum David Bowie. Es muss also als Ausgleich der komplementäre Farbbereich her! Das geschieht in einem ersten Schritt, indem eine auf Feuerrot fixierte »Burn-Out«-Gesellschaft *abkühlende* Farbtöne wie Blaugrün, Petrol, Türkis, Eisblau, Mint, Smaragdgrün und Olivgrün als modisch erklärt. Auch im Politischen gilt: Wer sich für Umweltschutz einsetzt, ist *grün* aus Solidarität mit dem schwindenden Grün auf unserem Planeten. Ein eigentlicher Kult ist zudem entstanden aus grünen Oasen und Schonräumen, sprich *Gärten, Nationalparks, Wellnesslandschaften* usw. Das sind natürlich nur »Tropfen auf den heissen Stein«. Langfristig, bzw. nachhaltig müssen wir darüber nachdenken, wie wir das Rot-Grün-Gleichgewicht auf unserem Planeten wieder herstellen!

Farbtheoretisch hoch interessant ist, dass heute Rot und Blau manchmal beinahe *gleichgesetzt* werden. Noch über das Zitat von David Bowie hinausgehend lautet zum Beispiel der Titel einer neueren Logosammlung: *Blue is hot, Red is cool ...* [30] Eine mögliche Erklärung dafür ist, dass die Farbe Blau mit höheren Verbrennungstemperaturen verbunden ist. So wie das Innere der Kerzenflamme blau ist, wurde vielleicht mit dem Aufkommen der Gasheizung auch die *blaue Flamme* zum Inbegriff für Verbrennungsprozesse.

Daneben bleibt aber weiterhin die ursprüngliche Assoziation von *Kälte* bei Blau erhalten und wird sogar noch gesteigert. Als Gegengewicht zum »roten Aktivismus« gibt es also den »blauen Aktivismus«. So wird zum Beispiel das *Tiefgefrieren* in immer neuen Varianten erfunden, von Lebensmitteln bis zu Geld und Beziehungen, ja, sogar in Form von *kalten Kriegen.* Wenn alles brennt, ist absolute *Coolness* angesagt, wobei zu grosse Kälte wiederum Kälteverbrennungen verursacht ...

---

30   David E. Carter: Blue is hot Red is cool, HBI, USA 2001

Zum Schluss darf der Hinweis nicht fehlen, dass sich die Empfindung von Rot selber um eine Dimension erweitert hat! Vor nicht langer Zeit wurde bei Frauen eine Variante des Rotgens auf dem X-Chromosom beobachtet. Dieses neue Gen betrifft eine Verschiebung der Wahrnehmung vom Fokus 552nm um 4nm nach 556nm, d.h. Richtung Burgunderrot.[31] Wer aber mit *zwei* Rotgenen ausgestattet ist, verfügt auch über *zwei* Dimensionen in der Rotwahrnehmung. Im Denken der Regenbogenlogik bedeutet dies, dass damit das *Bewusstsein für die Repetitionsfunktion* erweitert wurde! Ich frage mich, ob diese Mutation nicht ein Hinweis ist der Schöpfung an den Menschen, sich vermehrt der emotionalen Intelligenz zuzuwenden ...

---

31   Prof. Ernst Peter Fischer: Die Wege der Farben, S. 81

Rot im Überblick

Die Farbe Rot bedeutet:

DEN REPETITIVEN LEBENSIMPULS
SICH AUSBREITEND IN RAUM UND ZEIT

URSPRÜNGLICHE BEGEISTERUNG

EMOTIONALE INTELLIGENZ=
UNTERSCHEIDUNGSFÄHIGKEIT&
MITGEFÜHL

ZAHL UND MASS

GRENZSETZUNG

SCHÖPFUNG VON WESEN

REGENBOGENLOGIK

Magenta:

Rot: **Orange:** **Gelb:** **Grün:** **Blau:** **Indigo:** **Violett:**

R
E
P
E
T
I
T
I
O
N

PRAXISTEIL ROT

Zur Beachtung: Alle gesundheitlichen Ratschläge in den Praxisteilen ersetzen keinen Arztbesuch!

Mein Karfunkelstein

Rot bringt Kraft und zwar in allen Nuancen. Aber es gilt auch, den <u>persönlichen</u> Farbton zu finden, damit das Rot nicht zu mächtig oder sogar destruktiv wirkt. Für die folgende Meditation muss ich rasch etwas über den Karfunkelstein erklären. Der Sage nach war es im Mittelalter ein Stein, der im Dunkeln leuchtet, ein Stein, der Hoffnung bringt. Wie alle roten Steine konnte er allegorisch mit Christus in Verbindung gebracht werden. Eigentlich war der Karfunkelstein ein Granat, der Schild und Schwertknauf des Kämpfers zierte. Der Granat ist aber auch ein typischer weiblicher Schmuckstein. Wir wollen das dunkelrote Leuchten des Granat als Karfunkelstein auf alle möglichen roten Steinfarben ausweiten in dieser Meditation.

<u>*Meditation:*</u>
Wir setzen uns bequem hin. Mit geschlossenen Augen stellen wir uns vor, dass in einer unserer Hände nun ein roter Stein liegt. Genau diesen Stein brauchen wir, egal ob opak, glänzend oder durchsichtig leuchtend, ob orange wie von der Sonne beleuchtete Wolken oder brennend rot wie Mohn usw. Wir schauen den Stein genau an, seine Farbe, Form und Grösse enthält eine Botschaft an uns, nämlich wo und wie wir momentan mehr Kraft brauchen. Von diesem Stein geht Licht und Kraft aus, die genau so viel in unseren Körper und unsere Gedanken überträgt wie wir es brauchen. Wenn wir das Gefühl haben, »gesättigt« zu sein, legen wir den Stein in Gedanken an einen schönen Ort, z.B. auf ein Deckchen auf einem besonnten Tisch. Wir schauen den Stein noch kurz an und bedanken uns bei ihm.

34

Diese Meditation eignet sich auch speziell bei Stress, Krisen, Energie-mangel und Leiden unter Lieblosigkeit.

Glückskäferstein

Man muss sich seinen Kraftstein nicht unbedingt nur vorstellen, man kann ihn auch in der Hand halten. Kinder lieben magische Gegenstände als Glücksbringer. Als Glücksymbol bietet sich der schwarz gepunktete rote Marienkäfer geradezu an. Entdecken Sie in sich wieder die kindliche Freude und basteln Sie einen Glückskäferstein für sich oder jemanden, der momentan etwas Glück gebrauchen könnte.

Suchen Sie einen grauen Stein und bemalen Sie ihn mit roter Farbe (Acryl, ev. Nagellack) in einem Rot, das Ihnen gefällt. Dann ziehen Sie in der Mitte einen Strich mit Schwarz und bemalen das eine Steinende schwarz mit zwei roten Augenpunkten (Kopfteil). Auf beiden Seiten des Striches bringen Sie dann die schwarzen Punkte an. Die Anzahl der Punkte bestimmt übrigens zoologisch die Art des Marienkäfers. Wie viele Punkte Sie jetzt wählen, hat jetzt rein symbolisch mit den guten Wünschen zu tun für den Geschenkempfänger.

Ich möchte Ihnen noch einen kleinen numerologischen Wegweiser mitgeben zu den gewählten »Glückszahlen«

1. *Einheit, Ursprung*
2. *Partnerschaft, Intuition*
3. *Dynamik, Kreativität*
4. *Stabilität, Sicherheit*
5. *Intelligenz, Spiritualität*
6. *Liebeskraft, Verwirklichung*
7. *Erneuerung, Kosmisches Wissen*
8. *Tugend, Macht*
9. *Vollendung, Eigenständigkeit*

Da der Marienkäfer durch seine Symmetrie selber die Energie der Zwei enthält, eignet er sich ganz besonders als Geschenk, als »Joker« vom ICH zum DU.

Persönliche Rituale

Rot ist mit der Funktion der Repetition verbunden. Inhaltlich bezieht sich die Rotenergie also auch auf alle Rituale, d.h. Handlungen, die durch Widerholung Macht entwickelten. Haben Sie irgendwelche Mühe mit der Rotenergie, zum Beispiel zu viel oder zu wenig davon, dann ist es an der Zeit die persönlichen Rituale des Alltags zu überdenken. Alles was Sie regelmässig tun oder nicht tun, beeinflusst Ihre Lebenskraft. Von Ihnen selber hängt es ab, wie viel oder wie wenig Sie von etwas tun oder lassen. Wichtig ist, dass Sie achtsam sind, wenn die Lebensenergie nicht mehr richtig fliesst. Dann ist es Zeit mit dem »Rotstift« die Abläufe Ihres Alltags auszugleichen.

Kulinarisches

Die Farbstoffe der Lebensmittel haben viele positive Wirkungen auf den Körper, u.a. sind es Antioxidantien. Rote Lebensmittel sind vor allem Kraftspender. Sie vermitteln alle das Gefühl von »Packen wir's an« – dies aber in einem intelligenten Sinn, wie im Kapitel »Mitgefühl und Mathematik« beschrieben. Je nach Lebensmittel wirkt diese Kraft auch in einem bestimmten Lebensbereich. Nehmen Sie die folgende Liste als Denkanstoss:

Tomaten	*Stimmungsaufhellung, bei Infekten*
Peperoncini/Piment	*gegen Infarkt, wärmend*
Johannisbeeren	*gegen Harnweginfekte*

Himbeeren	*für Selbstliebe, bei Stress*
Rotwein	*ein Glas bei Herzschwäche*
Randen	*Selbstschutz, bei Eisenmangel*

Rote Kerze

Die Kombination von Rot und Grün ist tief in der europäischen Volks-
kunst verankert. Der Zweiklang von roten Kerzen/Äpfeln und immergrü-
nen Tannenzweigen ist aus der Weihnachtszeit bekannt. Es ist das alte
Thema vom Überleben bzw. »Überwintern«. In der kalten (ungrünen)
Zeit des Winters wird mehr Energie (Rot) gebraucht.

Diese Übung bezieht sich auf den »inneren Winter«. Immer wenn Ih-
nen psychisch kalt ist, zünden Sie eine rote Kerze an. Kerzen haben die
Eigenschaft, ihre Farbenergieenergie spielend auf alle Ebenen zu über-
tragen.

Unterschätzen Sie deshalb nicht die geistige Wirkung der Kerze, die
Sie eben angezündet haben!

Wie viel Rot ertrage ich?

Ein graues Papier (Halbkarton) ist der Malgrund. Sie zeichnen ein Quad-
*rat mit einer Seitenlänge von ca. 10 cm. Jetzt gestalten Sie **mit abstrakten***
***Formen** die Fläche mit den Farben Rot, Weiss und Schwarz. Sie müssen*
alle drei Farben verwenden! Dazu können Sie Farbstifte oder Ölkreide
usw. verwenden. Der graue Blattgrund muss nicht unbedingt verschwin-
den, d.h. Sie müssen nicht (aber dürfen) flächendeckend malen. In der
Gestaltung sind Sie absolut frei. Sie können die Fläche in drei Streifen
unterteilen und in den drei Farben ausmalen. Sie können ein Muster oder
Mandala malen. Wichtig ist es, dass Sie abstrakt bleiben. D.h. Symbole
wie Herz, Pfeil, Spirale oder Kreuz sind erlaubt, aber keine naturalisti-

schen Elemente wie Figuren, denn diese würden zu sehr von der reinen Farbenergie ablenken.

Bitte malen Sie zuerst Ihr Bild bevor Sie weiterlesen in diesen Ausführungen.

***

Die Farben Rot, Weiss und Schwarz sind weltweit die <u>drei magischen Urfarben</u>.
   Hier gebe ich einen für diese Übung spezifischen Interpretationsschlüssel dazu. Sie sind eingeladen weitere Aspekte nach Ihrem Gutdünken hinzuzufügen.

Rot bedeutet das <u>Ich</u>. Beobachten Sie bei Ihrem Bild Grösse, Positionierung und Aufteilung Ihrer Rotanwendung. Es ist auch wichtig <u>welchen</u> Rotton Sie wählten. Wie bei der Interpretation eines Traumes kommt das Gefühl hinzu, das Sie beim Malen hatten. Fühlten Sie sich stark dabei oder mussten Sie sich überwinden mit Rot zu malen? Stiegen irgendwelche Erinnerungen hoch?
   Schwarz repräsentiert das Mass der <u>Bindungen</u>, die Sie momentan eingehen. Das sind Gefühle, Gruppenaufgaben, Arbeitsprojekte, Probleme, die Sie bearbeiten, das Spektrum ist weit. Sie werden selber wissen, was für Inhalte die schwarzen Flächen habe, ob sie Stabilität, Schutz, Anregung oder Einengung bedeuten.
   Weiss bezeichnet <u>Offenheit.</u> Dies kann eine Offenbarung, eine Erschöpfung, ein Traum, eine Unsicherheit, eine Leere usw. sein. Weiss steht also für etwas (noch) nicht Definiertes in Ihrem Leben. Bei der Interpretation der weissen Flächen müssen Sie auf Ihre innere Stimme achten. Sind es aufgelöste Aspekte in Ihrem Leben? Sind es schmerzliche Leerflächen? Öffnen Sie sich für etwas Neues?
   Der nicht bearbeitete graue Malgrund hat ebenfalls eine Bedeutung.

Er stellt eine Lücke dar, aber in einer andern Art der Offenheit als das gemalte Weiss. Im Weiss bereiten sich bereits bestimmte Themen vor oder werden aufgearbeitet. Die Frage ist nun, was bedeutet der graue Grund? Es ist quasi Ihr neutraler Lebenshintergrund. Sie zeigen durch das Offenlassen von Stellen, wie weit Sie Ihren Lebensraum bestimmen. Grau zeigt das an, was Sie zu Ihrem Background erklärt haben. Zu den offenen grauen Flächen gehören folglich die Fragen: Fühlen Sie sich dominiert? Brauchen Sie viel Unterstützung? Suchen Sie noch Ihre Lebensaufgabe? Möchten Sie sich mehr zurücknehmen?

Diese Malübung wird übrigens anders wirkt, wenn Sie sie wiederholen und den Interpretationsschlüssel bereits kennen. Es wäre dann sinnvoll vorher kurz zu meditieren und sich jetzt bewusst die Fragen stellen: Wo stehe ich? (Rot) Woran binde ich mich? (Schwarz) Was ist offen in meinem Leben und muss bearbeitet werden? (Weiss) Bestimme ich im richtigen Mass über meinen eigenen Lebensraum? (Grau).

In allen Fällen aber ist das ganz grosse Geschenk dieser Übung, dass die Gestaltung selber Ihnen ein klares Bild Ihrer Lebenssituation gibt!

Mysteriöses Violett

Assoziationen zu Violett sind *Mystik, Mysterium, mysteriös.* Geht man dem Wortsinn nach, so trifft man auf das griechische *myein,* was »abschliessen« bedeutet. Gemeint ist das Schliessen von Augen und Mund. Das *Mysterium* und die *Mystes* bezeichnen ursprünglich einen Geheimkult und die darin Eingeweihten. Französisch *mystère* und englisch *mystery* heissen in Ableitung davon »Geheimnis«, *mysteriös* im Deutschen bedeutet »geheimnisvoll, dunkel«. Und dieses dunkle, geheimnisvolle Gefühl ist es, das der Farbe Violett anhaftet. Ohne Beimischung von Weiss ist Violett tatsächlich eine sehr dunkle Farbe! *Exklusiv* ist Violett ebenfalls, weil es nur punktuell vorkommt in der Natur und auch spät ins Farbenvokabular aufgenommen wird.[32]

Es ist ausserdem nicht so recht klar, welche Farbe, bzw. welcher Farbbereich mit Violett gemeint ist. Vor nicht allzu langer Zeit wurde in einem Internetforum heftig diskutiert, ob die Farbe *Lila* identisch sei mit der Farbe *Violett.* Ich selber halte mich bei dieser Frage an die Definition des ersten Farbpsychologen Goethe, der Lila als *verdünntes Violett* definierte.[33] Violett und das hellere Lila zeigen überhaupt eine noch starke Verbindung von Farbname und Gegenstand. Violett leitet sich von *viola* ab und Lila bedeutet auf Arabisch *Flieder.* In Farbkatalogen werden häufig auch Vergleiche mit Auberginen und Malven angeboten. Dieses Kleben am Na-

---

32 Kay and Berlin: Basic Color Term,: S. 35f. (Stadium VII der abstrakten Farbbegriffe)

33 Sinnlich-sittliche Wirkung der Farbe, Punkt 789. Bekannt ist die Interpretation von Lila als Hellviolett auch aus der Werbung von Milka.

turobjekt zeigt den Versuch, das seltene und mysteriöse Violett »begreifbar« zu machen.[34]

Mit Violett verknüpft ist zudem der Begriff des *Purpur,* des so bedeutsamen und luxuriösen Farbstoffes, der aus dem Sekret der Purpurschnecken gewonnen wurde. Historische Purpurfärbungen umfassten ein ganzes Spektrum von Rot- Blau- und Violettnuancen, wobei vor allem die dunklen, satten Töne kostbar waren. Auch bei Goethe treffen wir ja den Purpurbegriff[35] an, der aber bei ihm für die Farbe Rot reserviert ist. Goethe erwähnt dazu sinnigerweise, dass sich der Purpur im Altertum eher ins Bläuliche zog.[36]

---

34 In der Morphologie wird festgestellt, dass violette Blüten häufiger kelchartig sind gegenüber den gelben strahlenförmigen Blüten. Vgl. Heinrich Frieling: Bewusster mit Farben leben, Muster-Schmidt Verlag, Göttingen/ Zürich 1994, S. 28 (nach W. Troll)
35 Sinnlich-sittliche Wirkung der Farbe, Punkt 792
36 ebda. Punkte 786ff. und 790ff. Mit »Rotblau« bezeichnete Goethe ein tiefes Violett, mit »Blaurot« ein Rotviolett (bis Kardinalspurpur). Bemerkt wird farbenpsychologisch, dass von Rotblau zu Blaurot die »innere Unruhe« zunimmt.

Symbiose und Übergang

»Mama, ich möchte unbedingt den violetten Ordner« schon seit einigen Minuten war ich in einem Kaufhaus Zeugin eines Zweikampfes zwischen einer Mutter und ihrem etwa sechsjährigen Sohn. Wenn auch die Mutter dem Kind den »schönen« roten Ordner in einer vermeintlichen »Kinderfarbe« aufdrängen wollte, der Sohn weigerte sich so lange, bis er sich den Ordner in der Farbe dunkler Schwertlilien schnappen konnte.

Was macht denn das Mysteriöse aus an Violett, das ebenso von Kindern, wie von älteren Menschen geliebt und gewählt wird?[37] Die Farbbezeichnungen *Blaurot* und *Rotblau* für Violett[38] drücken aus, dass wir es hier auf der Pigmentebene mit einer Mischfarbe zu tun haben. Die Komponenten (Blau und ein kaltes Rot) *reagieren* miteinander. Violett ist also eine »bewegte Farbe«! Diese Reaktion zwischen den Komponenten macht das *Ganzheitsgefühl* aus, das Violett vermittelt. Darum ist Violett ein Sinnbild für die sexuelle Vereinigung aber auch für die vorpubertäre Phase, in der sich das Kind noch mit beiden Geschlechtern identifizieren kann. Lüscher versteht die Ganzheit von Violett so total, dass er von *magischer Identifikation* spricht. Farblogisch erscheint auch Lüschers Beobachtung der Violettbevorzugung von Schwangeren.[39]

---

37 Wenn Kinder hingegen Lila wählen, so gibt das zu Sorgen Anlass, befindet Heinrich Frieling: Der Farben-Spiegel, Muster-Schmidt Verlag, Göttingen/Zürich, 1995³, S. 15

38 Vgl letztes Kapitel, Anm. 36: Um das Unentschiedene des Farbbegriffs zu illustrieren, gibt es das schöne Beispiel des »Blaukohls«, der zugleich ein »Rotkohl« ist

39 Der Lüscher Test, S. 29. Allerdings geht ja Lüscher bei der Bezeichnung »Violett« von einem dumpfen Magentaton aus, den er für seinen Achtfarbentest verwendet! Bei echtem Dunkelviolett müsste man von *magischer Verschmelzung* sprechen. Der Begriff der *Identifikation,* den Lüscher ver-

Um Violett wirklich zu verstehen, müssen wir jetzt noch das Spektrum des sichtbaren Lichtes anschauen. Violett liegt gegenüber von Rot ganz am kurzwelligen Ende. Mit dieser Randposition hängt eine weitere Farbeigenschaft zusammen: Es ist das Kinderspiel von »Guck mal, da bin ich, nein, da bin ich doch nicht ... « Violett inszeniert also das *Verschwinden*, und zwar auch auf der materiellen Farbebene.[40] So wurde ich in meiner Aura-Soma Ausbildung darüber informiert, dass violett gekleidete Leute gerne in der Menge »verschwinden«.

Aber auch das Gegenteil, das plötzliche *Auftauchen*, das Erheischen von Aufmerksamkeit, ist eine Lieblingsbeschäftigung von Violett. Zum »violetten« provokativen Auf- oder Abtauchens greifen logischerweise alle, die sich aus irgendeinem Grund (soziale Stellung, Alter) als *Randgruppe* definieren: Feministinnen und Homosexuelle, Kinder und ältere Leute. Verschwinden lassen und wieder hervorholen: All diese Beispiele zeigen, dass Violett, der »Magier« unter den Farben, gegenüber dem *grenzbildenden* Rot eine *grenzüberschreitende* Wirkung hat.[41] Rot und Violett, die sich im Spektrum gegenüber liegen, sind also auch *funktionelle Gegenspieler*. Das repetitive Rot baut auf und gibt, wie wir es gesehen haben, eine intelligente *Unterscheidungsfähigkeit* als Basis. Violett hingegen ist die Farbe der *Entscheidungsfähigkeit*, die Farbe des »neuen Weges«. Mit Violett ist eine *Wahl* verbunden, die Wahl eines Kanals, wie man kommunikationstheoretisch sagen könnte. Die Funktion für Violett in der Regenbogenlogik ist daher die *Selektion*.

---

wendet, passt aber absolut zu dem, was wir noch über die Farbfunktion von Magenta hören werden. Vgl. S.42ff.

40 Violett hat auch viel mit Tod und Jenseits zu tun: es ist die liturgische Farbe der Umkehr (und der Busse) und – vor allem in Asien – eine Trauerfarbe. Vgl. auch die Kriegsauszeichnung des »purple heart«.

41 Grenzüberschreitend verhalten sich auch Rot und Blau, die Komponenten von Violett, die in einer Symbiose »ineinander übergehen«.

Das reinigende Nein

Die Welt der Farben ist von *paarweisen Polaritäten* bestimmt. Dies werden wir im Lauf der Regenbogenlogik noch mehrmals bestätigt finden. Kennen gelernt haben wir bis jetzt die beiden Farbgrenzposten ROT und VIOLETT, die das aufbauende JA der *Repetition* und das ausschliessende NEIN (bzw. NUR) der *Selektion* (Violett) markieren. Was aber bedeutet dieses NEIN oder NUR? Bei Violett geht es, wie wir sahen, um die *Wahl eines Kanals*, was grundsätzlich den *Ausschluss anderer Kanäle* mit sich zieht. Einen bestimmten Kanal zu wählen, beinhaltet deshalb eine grosse Macht, nämlich die Macht der *Konzentration* (auf einen Kanal) oder umgekehrt die Macht der *Exklusivität* (aller nicht gewählten Kanäle). Weil Violett so eine »klare Linie« schafft, wirkt es auch *reinigend*.

Die Esoterikszene hat diese Reinigungskraft von Violett wieder neu entdeckt. Doch das (unbewusste) Heilwissen um das »ausschliessende NEIN« von Violett reicht weit in die Vergangenheit. In der Antike wurde Violett zum Beispiel gegen *Trunkenheit* eingesetzt. Sowohl der violette Amethyst (griech. = *nicht berauscht*) als auch Veilchenkränze sollten bei Gelagen helfen, die Nüchternheit zu bewahren. Es ist anzunehmen, dass dies nach dem Prinzip des farblichen Abwehrzaubers geschah, der »Gleiches mit Gleichem bekämpft«. Schwerer Wein gleicht in der Farbe ja dem rötlich schimmernden Amethyst.

Weshalb aber wirkt der Amethyst *ernüchternd*? Die Natur von Violett besteht, wie gesagt, in der Kanalisierung und Konzentration der Lebenskräfte. Der violette Amethyst wirkt wie eine Art »Pfadfinder«, er wendet das NUR an. Vergessen wir aber nicht, dass Violett (wie jede andere Farbe/Funktion) immer einen Themenbereich in seinen positiven *und* negativen Wirkungen abdeckt. Violett ist also auch die Farbfunktion des »Verirrten«. Wer sich verirrt, hat ein Problem, zu wählen, auszuschliessen, kurz gesagt, er hat ein Problem mit dem NEIN bzw. dem NUR.[42] Die violette Thematik zwischen Trunkenheit und Nüchternheit, zwischen »Weg und Wildnis«, scheint im Westen immer wieder ins Bewusstsein dringen zu müssen. Zuerst einmal erweiterte sich das Violettspektrum der Gesellschaft. Denn wie erwähnt, war der violette Farbstoff, der Purpur, lange eine Exklusivität. Erst in der aufblühenden Industrialisierung des 19. Jahrhunderts kamen Teerfarbstoffe auf, so dass plötzlich violette Pigmente in grossen Mengen für künstlerische und dekorative Zwecke zur Verfügung standen. Es war, wie wenn der zunehmende Materialismus nach der Inszenierung einer »grenzüberschreitenden« Farbe gerufen hätte. Es gibt das Violett des Jugendstils aber auch die violett angehauchte Popkultur der 60er und 70er Jahre.[43]

Vor allem der wachsende Drogenkonsum ist ein wichtiges »violettes« Thema zur Jahrtausendwende. Denn was ist die Drogensucht anderes, als ein auf sich selbst bezogener *Fluchtkanal* und damit eine Verselbständigung der Selektionsfunktion?

42 Wenn wir die Wegmetapher von Violett aufnehmen und in der Landschaftsbetrachtung anwenden, dann sehen wir, dass die Komponenten von Violett mitwirken. Rot wirkt in der sogenannten »atmosphärischen Perspektive« *nah* und Blau *fern*. Rote Gegenstände im Vordergrund »springen den Betrachter beinahe an«, während ferne Bergketten in einem bläulichen Ton zurückzuweichen scheinen. Violett, die Mischfarbe aus Nähe und Ferne, bleibt dabei das verborgene Prinzip des Betrachterauges, das sich einen Weg durch die Landschaft sucht.

43 Die Namensgebung einer Popgruppe wie *Deep Purple* ist hier ein Indikator.

Urvertrauen und Kreativität

Wie Farben verstanden und gelebt werden, zeigen oft Märchen besonders gut. Deshalb möchte ich Rot und Violett hier in Form zweier Märchen einander gegenüber stellen.

Zuerst einmal *Rotkäppchen* mit dem schamanischen Thema von *Tod und Neugeburt*. Die Geschichte ist ebenso einfach gestrickt wie faszinierend, denn sie drückt das tiefe Wissen darüber aus, dass das Leben selber immer wieder lebensgefährlich ist ... Rotkäppchen wird verschluckt und erst durch den Jäger wieder aus dem Wolfsbauch herausgeholt. Auf der psychologischen Ebene geht es im Rotkäppchen um die Gefahr der »verschlingenden« Liebe, um den dunklen Beziehungsaspekt. Da dieses Märchen von Frauengestalten dreier Altersstufen beherrscht wird, könnte hier auch noch tiefenpsychologisch die Mondmagie hineinspielen. Zum Mond gehören ja die drei Urfarben Weiss-Schwarz-Rot, den monatlichen weiblichen Rhythmus symbolisierend. Der Wolf würde in dieser Lesart natürlich den Leermond darstellen.

Warum wird Rotkäppchen überhaupt verschluckt? Mit Kuchen und Wein auf dem Weg zur kranken Grossmutter, verliert es Zeit beim Blumen pflücken und gibt so dem Wolf einen Vorsprung für seine Untaten. Dieser verschlingt zuerst die Grossmutter, zieht danach ihre Kleider an und legt sich in ihr Bett mit dem Ziel, auch noch Rotkäppchen aufzufressen. Das Täuschungsmanöver gelingt. Wir erinnern uns an den bekannten Dialog, in dem Rotkäppchen zuerst am Aussehen, d.h. an der Identität der »Wolfsgrossmutter« zweifelt, sich dann aber trotzdem überlisten lässt. Es ist die Stelle im Märchen, an welcher die geistige Ebene der Rotfunktion, die *Unterscheidungs-fähigkeit* versagt! Genau die Unterscheidungsfähigkeit, die emotionale Intelligenz, hätte aber die Aufgabe, den Menschen vor dem Geschluckt werden durch das Dunkle zu schützen!

46

In unserem Märchen wird Rotkäppchen am Schluss durch den Jäger gerettet, der nichts anderes als die violette Selektionsfunktion darstellt. Der Jäger spielt quasi die Hebamme, er muss entbinden, wo vor lauter Bindung nur noch »aufgefressen« wird. Dass der Jäger ein typischer Vertreter der violetten Funktion ist, zeigt sich auch dadurch, dass er »zufälligerweise« vorbeikommt. Er ist ein Meister des »richtigen Weges«, denken wir an die Kanalnatur von Violett! Rot und Violett, JA und NEIN, Binden und Entbinden, Urvertrauen und kreativer Neuanfang, im Märchen spielen sich diese Funktionen gegenseitig in die Hand.

Märchen mit offensichtlichen Rotmotiven gibt es viele, aber wie steht es mit »violetten Märchen«? Violett ist in vieler Hinsicht eine »abstrakte« Farbe, weshalb ich nicht sehr erstaunt war, nirgends ein Märchen zu finden, das Violett offensichtlich ins Zentrum stellt. Doch in der Form der *Selektionsfunktion* ist Violett natürlich in vielen Märchen vorhanden, so im prominenten *Aschenputtel*.

Aschenputtel, das benachteiligte Halbwaisenmädchen, muss für die Stiefmutter Erbsen aus der *Asche*[44] heraussortieren. Behilflich sind Tauben als »Schutzgeister« oder auch als Symbole für instinktives Wissen. Aschenputtel wünscht sich vom Vater eine Haselrute und pflanzt diese auf das Grab der leiblichen Mutter. So wächst ein Bäumlein heran, das nachts für himmlische Geschenke von der verstorbenen Mutter angerufen werden kann. Tauben und Bäumchen stellen »Antennen« zur geistigen Welt dar und eröffnen einen Kanal für Gaben und Informationen.[45]

---

44 Das Grau der Asche und der Tauben hat eine farbenpsychologische Verbindung mit Violett. Grau und Violett sind beides Mischfarben und erzeugen Stimmungsassoziationen zu einem Übergangsbereich zwischen »Tag und Traum«.

45 Als Antenne zur geistigen Welt gilt in der indischen Chakrenlehre auch das violette Scheitelchakra

Das ganze Märchen steht unter dem Motto des Auslesens, der *Selektion*. Das Unheil wird in den Gang gesetzt durch sinnloses und demütigendes Zerstreuen von Erbsen in die Asche. Aschenputtel muss die »guten« von den »schlechten« Erbsen erlesen. Wieder kommt das Wählen ins Spiel, wenn der Vater verreist und sich Aschenputtel und seine Stiefschwestern Mitbringsel wünschen dürfen. Natürlich ist es auch der »Job« des Prinzen zu wählen. Zuerst wählt er Aschenputtel aus zum Tanz und dann als Lebenspartnerin.

Immer wieder müssen in diesem Märchen Störungen beim Wählen überwunden werden, muss die richtige Wahl regelrecht erkämpft werden.[46] So wie beim »roten Märchen« am Schluss Violett eine wichtige Rolle spielt (wir erinnern uns an den Jäger), so kann das »violette Märchen« nur durch den Einsatz der Repetitionsfunktion zu einem guten Ende geführt werden. *Mehrmals* wird beim Aschenputtel getanzt und *mehrmals* wird ausgeritten, um die Braut zu finden. Es ist die insistierende Macht von Rot, die nötig ist.[47]

Und zum Schluss noch zu einem »modernen Märchen« der bekannten Schriftstellerin und Farbenpsychologin Eva Heller. In ihrem humoristischen Frauenroman »Der Mann der's wert ist«[48]

---

46 Aschenputtel erinnert deshalb an den politischen Kampf weltweit um Stimm- und Wahlrecht, inbesondere ans Frauenstimmrecht!

47 William Berton, der Autor des Farborakels »Colores« würde Rotkäppchen wahrscheinlich als Muttermärchen, Aschenputtel als Vatermärchen bezeichnen. Die Gegenüberstellung von Rot, der Farbe des physischen Überlebens und Violett, der Farbe von Autorität und Macht, macht jedenfalls Sinn in Bezug auf die beiden Märchen, die den Vertrauens- und den Machtmissbrauch inszenieren. (Verlag »Die Silberschnur«, Neuwied 1992)

48 Droemersche Verlagsanstalt, München, 1993

spielen Farben eine nicht unwesentliche Rolle. Die Handlung des Romans besteht vor allem in der (von Liebesgeschichten begleiteten) Renovation eines Hotels. Protagonistin ist die Innenarchitektin *Viola*. Nomen est Omen: Kummer machen Viola zwei Männer, zuerst ihr Architektenfreund, ein Hochstapler, der ihr Plastikohrringe mit Veilchenmotiv schenkt (anstelle des versprochenen Rubinrings!), dann ein prominenter egozentrischer Künstler, der beim ersten Treffen sinniert: *Ich würde Sie nicht in Violett malen, das ist nicht Ihre Farbe, Violett ist zu gewollt, zu sehr Femme fatale. Oder ist Ihr Violett das des frommen, bescheidenen Veilchens? Hoffentlich nicht!*[49] Beide Männer sind Karrieristen und versuchen sie zu manipulieren. Erst beim dritten Mann, der ihr ein zauberhaftes Ballkleid aus lauter *roten Stoffrosen* schenkt, klappt es mit der Liebe ...

---

49   ebda. S. 499

Kanal oder Kanalisation

Violett ist auch kommunikationstheoretisch die Farbe des *Kanals.* Jede Botschaft braucht einen Kanal, um vom Sender zum Empfänger zu gelangen. Über die inhaltliche Qualität der Botschaften und Energien, die diesen Pfad oder Kanal passieren, sagt die Schwingung Violett selber noch nichts aus. Violett als Kanalisierung von Inhalten und Energien ist erst einmal eine *abstrakte Definition.*

Deshalb halte ich auch nichts davon, Violett spirituell in vorschneller Analogie zu den physikalischen Frequenzbereichen eine »höhere Schwingung« als zum Beispiel Rot zu bezeichnen, wie das manchmal geschieht. Violett kann ebenso wie jede andere Farbe auch als Entsorgungsinstrument geistiger Abfälle benutzt werden. Es kann dabei so sehr »stinken«, dass der violette Kanal zur *Kanalisation* wird! Denn selbstverständlich hat die Kanalnatur von Violett auch etwas mit unserer Moral zu tun. Weil Violett die Farbe der Selektion, d.h. der Fähigkeit zur freien Wahl ist, konfrontiert uns dies mit unseren *Absichten.* Wir sind Wesen mit Entscheidungsfähigkeit und können uns jederzeit folgende Fragen stellen: Wollen wir überhaupt kommunizieren und mit wem? Was ist gut in einer jeweiligen Situation? Wie stark wollen wir uns engagieren?

Wie für Rot gilt auch für Violett: Es gibt in der Anwendung Engels- *und* Dämonenkräfte. Das Dämonische der Rotfunktion, das wir unter den Stichworten *zornvolle Gottheiten* oder *Rumpelstilzchen* bzw. *Gier* und *Ideologie* antrafen, kreist immer um das Thema der Zerstörung. Das dämonische violette Gegenstück hat als Zentrum die *Manipulation.* Die destruktiven Kräfte der Selektionsfunktion versuchen folglich, die freie Wahl, bzw. die Entscheidungsfähigkeit zu beeinträchtigen oder zu beeinflussen.[50]

---

50 Ähnlich in Jesaia 1,18, wo *scharlachrote* den *purpurnen* Sünden gegenübergestellt werden. – An dieser Stelle können wir zudem feststellen, dass die

Bleiben wir bei den Kanälen. Durch das wirtschaftliche Denken des »Immer mehr«, durch die Aufblähung der Repetitionsfunktion, brodelt es unterirdisch in unserer Gesellschaft. Zwangsläufig tritt die Gegenfunktion, die *Selektion,* auch materiell stärker auf den Plan. Wir werden zum Beispiel immer *mobiler* und eröffnen zu Land, zu Wasser und in der Luft immer mehr Kanäle, auf denen wir uns und unsere Güter verschieben. Und wir entwickeln mitten in unserem Konsumrausch (Thema Rot) ein immenses Mitteilungsbedürfnis (Thema Violett).

Diese Sehnsucht nach Resonanz und Verständnis führt dazu, dass auch *immer mehr Kommunikationskanäle* geschaffen werden. Mit Internet und Handy schwebt uns eine Art mediale Omnipräsenz vor, bei der sich Erleben und Berichterstattung immer mehr überdecken. Und all diese Kanäle klicken wir in einem immer schnelleren Rhythmus an: Wir leben im »violetten Rausch des Zappens«!

Figur des Wolfes in Rotkäppchen die »rote Unart« des Auffressens mit der »violetten Unart« des Täuschungsmanövers verbindet!

Violett im Überblick

Die Farbe Violett bedeutet:

DIE WAHL EINES KANALS

DIE MACHT DER KONZENTRATION

DER FREIE WILLE=
ENTSCHEIDUNGSFÄHIGKEIT

REINIGUNG
DURCH BESINNUNG AUF DIE ABSICHT

KREATIVITÄT

AUSGLEICH ZWISCHEN GEGENSÄTZEN

REGENBOGENLOGIK

Magenta:

Rot:	Orange:	Gelb:	Grün:	Blau:	Indigo:	Violett:
R						S
E						E
P						L
E						E
T						K
I						T
T						I
I						O
O						N
N						

PRAXISTEIL VIOLETT

Violette Dufttherapie

Violette Düfte wirken ausgleichend auf unser Selbstbewusstsein und deshalb auch zentrierend und reinigend. Essenzen von violetten Blüten sind so stark, dass Sie bei der Dosierung aufpassen müssen. Am Schönsten ist es natürlich an den Blumen selber zu riechen) Es kann unter Umständen sogar genügen, nur via Foto/Bild mit der Dufterinnerung selber zu arbeiten!

Salbei	*reinigend, kräftigend, Vorsicht: kann krampfauslösend sein, deblockiert alte Erinnerungen und löst sie auf*
Rosmarin	*wärmend, kräftigend, Geborgenheit spendend*
Lavendel	*reinigend und gleichzeitig schützend, erleichternd, desinfizierend*
Flieder	*als Begleiter in Übergängen, hilft zu verzeihen, psychischer »Weichspüler«*
Veilchen	*aufheiternd, beschwingend, tröstend*

Violette Helfersteine

Steine sind Wegbegleiter für kürzere oder längere Zeit. Es gibt Leute, die sie täglich mit Wasser abspülen, andere tragen sie immer in der Hosentasche mit.

Ich rate im Umgang mit Steinen, auf das inneres Gefühl zu hören, denn ein all-gemeines Rezept für Steinkommunikation gibt es meiner Meinung nach nicht. Ich glaube allerdings, dass jeder Stein ein individuelles Be-

wusstsein hat und »Aufgaben übernehmen kann«. Deshalb sollte man Steine mit Respekt behandeln. Die folgenden Stichworte sind Anstösse, damit der Stein Ihr Leben wieder ins Rollen bringt ...

Sugilith	*Wird oft als stärkster Kraftstein beschrieben. Stärkt das Immunsystem (Einsatz bei Sucht-erkrankungen und Aids). Gibt Schutz ähnlich dem Salbei.*
Amethyst	*Sanfter im Feinstofflichen als der Sugilith. Ist einem erfrischenden Wasserfall zu vergleichen.*
Lavendelquarz	*Chemisch mit dem Rosenquarz verwandt ist es quasi der »Psychotherapeut« unter den Steinen, der zielgerichtet Probleme bearbeiten hilft.*
Fluorit	*Wirkt zum Teil wie Bernstein, hilft gegen Ver-wirrung, verstärkt die Konzentration.*

Das violette Mandala

Ein Heilungsprozess für eine Gruppe:
Die Beteiligten sitzen in einem Kreis um ein leeres Blatt. Daneben liegen Filzschreiber in allen Farben. Mit einem violetten Filzschreiber malt je-mand zuerst in der Blattmitte einen Kreis. (Es wäre von Vorteil, durch das Los zu bestimmen, wer beginnen soll.) Der Startmaler des Mandalas gibt darauf den violetten Filzschreiber seiner/em Nachbar/in links weiter. Diese/r zeichnet oder malt zuerst mit irgendeiner Farbe geometrische Fi-guren rund um das violette Zentrum. Nach ca. einer Minute wechselt sie/ er die Farbe und malt mit Violett weiter. Das Prozedere des Weitergebens und des zweifarbigen Malens wiederholt sich. Der violette Filzschreiber hat seine Wanderschaft rund um den Kreis erst beendet, wenn jede/r aus der Runde das Mandala ergänzt hat.

Die violette Türe

*Möchten Sie wissen, was Ihre **Lebensaufgabe** ist? Eine Antwort kann Ihnen die Meditation mit der »violetten Türe« geben. Da diese Meditation stark zentrierend und reinigend wirkt, sollten Sie sie in einem ruhigen Moment ausführen und sich auch genügend Zeit dafür nehmen.*

<u>zur Meditation:</u>
Setzen oder legen Sie sich bequem hin. Lassen Sie eventuell ihre Lieblingsmusik laufen. Schliessen Sie nun die Augen und stellen Sie sich einen Gang vor. Gehen Sie in Ihrem Tempo durch den Gang. Ist er dunkel oder hell, schmal oder breit? Hat es Bilder an den Wänden oder Werbevitrinen? Befindet sich ein Teppich unter Ihren Füssen? Wie riecht es? Irgendwo ist nun eine violette Türe. Rechts, links oder am Ende des Ganges wird spontan eine Türe in irgendeinem violetten Farbton auftauchen. Konzentrieren Sie sich vor dieser Türe auf die Farbe Violett. Es kann sein, dass die Türe zu strahlen beginnt, wie wenn es sich um violettes Glas oder eine violette Lichtquelle handeln würde. Öffnen Sie die Türe. Im Raum, den Sie nun betreten, befindet sich Ihre Lebensaufgabe. Seien Sie auf alles gefasst. Es können Menschen, Gegenstände, aber auch »nur« Licht und Energien in diesem Raum sein. Vielleicht wartet ein geistiger Führer oder ihr Schutzengel hier und erklärt Ihnen etwas. Nehmen Sie einfach alles zur Kenntnis. Da die Energie oft sehr intensiv ist in diesem Raum hinter der violetten Tür, sollten Sie nur so lange dort verweilen, wie Sie sich wohl fühlen. Wenn Sie die Meditation beenden wollen, verlassen Sie den Raum und schliessen Sie die Türe hinter sich. Sie gehen nun den Gang zurück und wissen, dass Sie jederzeit in den Raum hinter der violetten Türe zurückkehren können. Hier befindet sich Ihr persönlicher Machtbereich!

Violett färben

Dies ist eine ganz »einfache« Aufgabe – aber mit machtvoller Wirkung in die Zukunft!

Wenn in irgendeiner Beziehung (Partner, Kind/er, Eltern, Beruf, Nachbarschaft usw.) seit längerer Zeit ein Unbehagen besteht, ein »Knopf« zu lösen ist, dann ist es Zeit, Violett zu färben. Kaufen Sie Kochsalz und ein Färbeset (erhältlich in Drogerien und Apotheken) in einem möglichst starken Violett und stellen Sie die Kleider(z.B. T-Shirts) zusammen, die Sie färben wollen. Den Färbevorgang können

Sie manuell oder in der Waschmaschine ausführen, wichtig ist, dass Sie sich dabei auf folgenden Satz dabei konzentrieren:

»Die violette Energie in mir setzt etwas in Bewegung, das die Beziehung XY von überflüssigen Konflikten reinigen wird«.

Sie werden sehen, ein Resultat wird sich einstellen. Violett ist eine Powerfarbe für Beziehungen, denn sie reinigt nicht nur, sie verbindet auch und harmonisiert!

MAGENTA UND ROSA:
ZWISCHEN HEILUNG UND ILLUSION

Magenta: Das göttliche Kind

Es könnte sein, dass der Begriff *Purpur* von der indogermanischen Wurzel *bhur* (bewegt) abgeleitet ist. Purpur wäre dann mit *burja* (russ. Sturm), *bure* (tschech. Gewitter) und *bora* (ital. Sturm) verwandt. Tatsächlich macht die Purpurschwingung des »kalten« Rot, das sich als Druckerfarbe Magenta nennt, einen bewegten Eindruck. Es ist allerdings eine andere, feinere Bewegtheit als bei Violett: Magenta ist quasi der »Zappelphilipp« unter den Farben. Den besten Eindruck davon vermittelt der Reibelaut des chinesischen Purpurbegriff *Zi,* der dem Flügelschlag eines Insektes gleicht.

Magenta ist *seltsam,* denn obwohl kein natürlicher Farbstoff (ausser vielleicht Kermesbeeren auf Wolle) die Wirkung künstlicher Teerfarbstoffe erreicht, ist die Natur voller magenta Blüten. Besonders bekannte Erscheinungen sind Orchideen, Azaleen, Bougainvilleas und Fuchsien. Viele Blüten haben magenta Varianten oder scheinen auch in ihrem rosa Farbton regelrecht gegen Magenta zu streben: Nelken, Primeln, Fingerhut, Echinacea, Oleander, Cyclamen, Rotklee, Beinwell, Fingerhut, Blutweiderich, Platterbsen, Storchenschnabel, Wicken, Taubnesseln usw.

Richtig seltsam wird es mit Magenta physikalisch gesehen, weil es *keine einfache (monochromatische) Schwingung* in dieser Farbe gibt. Erst aus kurz- und langwelligem Licht gemischt, bildet sich Magenta und fügt damit das violette und das rote Ende des Regenbogenspektrums zu einem *Kreis* zusammen. Das Auge schafft den Sprung von Rot zu Violettblau, bzw. den Seheindruck von Magenta, indem die Rotzapfen zusätzlich ein wenig vom violetten, hochfrequentigen Licht »aufschnappen«. Bei all dem wird Magenta – im Gegensatz zu Violett – aber als *einheitliche* Farbe empfunden.

Geheimnisvolles magentafarbenes Licht, das als einfache Schwingung *unsichtbar* ist! Und genau hier muss man ansetzen, um die Funktion von Magenta zu verstehen. Es gibt die berühmte Passage im »Kleinen Prinzen« von Saint Exupéry in der es heisst, *dass man nur mit dem Herzen gut sieht und dass das Eigentliche unsichtbar ist.*[51]

So bin ich einfach, spürt jeder Mensch in seinem Herzen, wenn er kindlich einfach denkt. Magenta ist die Farbe des *inneren Kindes,* des »kleinen Prinzen« in jedem von uns. Die berühmten Sätze über das »Sehen mit dem Herzen« sagt übrigens ein Fuchs zum kleinen Prinzen und zwar mitten in der lebensfeindlichen Sahara. Das Thema der Wüste zeigt, dass sich der »kleine Prinz«, das heisst der Kindheitsaspekt des notgelandeten Autors Exupéry, in existentieller Not befindet. Darum ist hier die Figur des Fuchses überlebenswichtig! Wenn die *Individualität* eines Menschen bedroht oder vergessen gegangen ist, dann muss das innere, instinktive Wissen angezapft werden. Der Fuchs ist im »kleinen Prinzen« der Trickster, der den essentiellen Hinweis gibt für das »Eigentliche«, das heisst für das verborgene *So-Sein.*

Dieses »Eigentliche« – hier nehmen wir wieder Bezug zur Regenbogenlogik – entspricht der Farbe Magenta und stellt die Funktion der *Qualität* dar. Die *Qualität* ist das Unteilbare (das Individuelle)

---

51 Antoine de Saint-Exupéry: Der kleine Prinz, Arche, Zürich-Hamburg 2000, S.72 (Erstausgabe 1943, New York)

eines jeden Lebewesens. Magenta weist uns also klar den Weg nach innen, ins Reich des »kleinen Prinzen«. Hier ist der Ort, an dem unser ganzer Einsatz gefragt ist, an dem aber auch unsere Bindung an den göttlichen Ursprung am stärksten spürbar wird: Magenta ist deshalb die Farbe der *Gotteskindschaft*!

Bei Magenta geht es »um Alles«, um Ganzheit. Das Sinnbild dafür ist der Kreis. Wir sehen es beim prismatischen Band, das sich über Magenta zum Farbenkreis schliesst. Wir sehen es auch in der Vegetation, wenn Magenta als Blütenfarbe den Zyklus der Fortpflanzung weiterführt. – Den Kreis der Erfahrung zu schliessen, wieder zur ursprünglichen Qualität unseres Seins zu kommen, das ist die Essenz der magenta Schwingung. Darum ist Magenta auch der »Psychologe« unter den Farben, der uns therapeutisch an der Hand nimmt und zu *uns selbst* zurückführt.[52]

---

52 Eine bekannte Heilerin, die mit der Energie von Magenta arbeitet, ist Nina Dul. www.ninadul.de

Die ewige Suche

Keine Farbe zeigt den gesellschaftlichen Seiltanz zwischen Ganzheit und Illusion so genau wie Magenta. Eine grosse Sehnsucht nach Heilung beherrscht uns heute alle. Desillusioniert an den Grenzen des quantitativen Wachstums angelangt, suchen wir nur noch nach dem einen, nach mehr und besserer Qualität. Genau darum haben wir auch das magische Wort der *Qualitätskontrolle* erfunden!

Um diese Sehnsucht unserer Gesellschaft besser verstehen zu können, müssen wir einen kleinen semiotischen Abstecher machen: Die magenta Funktion der Qualität hat nämlich auch einen direkten Bezug zur Dimension des *Zeichens*. Wenn, wie wir sahen, Magenta als Schwingung aus violettem und rotem Licht entsteht, so bedeutet dies in unserer Logik die Verbindung von *Selektion* und *Repetition*. Um das etwas anschaulicher zu machen, können wir an unsere sprachlichen Zeichen denken, die ja durch Zuordnungen von Lautformen und Inhalten entstehen. Sprache funktioniert allerdings nur, weil diese Zuordnungen durch Abmachung zu einer Art »Brauch« geworden sind. Die Selektionsfunktion entspricht somit den Zuordnungen und die Repetitionsfunktion der wiederholten, d.h. gebräuchlichen Anwendung.[53]

Die Sehnsucht nach Heilung im Zeitalter der Information ist daher grundsätzlich auch eine Suche nach möglichst *ursprünglichen und qualitativ hochstehenden Zeichen*. Nach unserer Farbenlogik müsste also Magenta in kommunikativen Bereichen als

---

[53] Dieses Beispiel zeigt, dass das Funktionsschema der Regenbogenlogik auch im Zusammenspiel der einzelnen Farbfunktionen Gültigkeit hat. Dies genauer mit andern Mischbeispielen zu präsentieren würde den Rahmen dieses Buches sprengen.

Farbsymbol häufig auftauchen. Dem ist auch so: Durchforsten wir das Internet nach Firmen – oder Projektnamen im »magenta Zeitgeist«, so werden wir rasch einmal fündig. Semiotische und kommunikative Themen mit Magenta als Leitfarbe sind »in«, ein prominentes Beispiel ist die deutsche Telekom. Magenta verbindet sich des Weiteren mit Design, Werbung, Kunst und Kunstvermittlung, Computerausrüstung und Informatik. Peter Martin Jacob, der 2000 die *Musik-Agentur Magenta* gründete, spricht dazu in seinem »Credo« bezeichnenderweise von der »Leidenschaft zur Qualität«.[54]

In einem weiteren Schritt betrifft die Qualitätsfunktion als »magenta« Thema, wir sahen es im »kleinen Prinzen«, das Recht, bzw. das *Menschenrecht*, des Individuums. So erstaunt es nicht, dass es eine 1992 gegründete Antirassismus- Stiftung mit dem Namen »Magenta« gibt.[55] Bezeichnend ist auch die Entstehung des Farbnamens selber. Die 1859 erstmals synthetisierte Anilinfarbe wurde nach *Magenta,* einem Kriegsschauplatz im Sardinischen Krieg benannt. Diese Schlacht war in ihrer Brutalität mit ein Anstoss für die Gründung des Roten Kreuzes durch Henri Dunant. Am Punkt der schlimmsten menschlichen Aggression treffen also die Farbaussagen von Rot, *Überleben und Mitgefühl* und von Magenta, *Menschenrecht und Menschenwürde,* aufeinander![56]

Ja, das Menschenrecht! Jeder Mensch hätte das Recht, so wie er ist, sein Leben leben zu dürfen. Und jeder Mensch hätte die Pflicht, seine Mitmenschen in ihrer Eigenart zu akzeptieren und sogar zu unterstützen. Nur, wir wissen es: zwischen Theorie und Praxis klafft hier eine Lücke. Eine Lücke ist aber immer auch eine

---

54   www.magenta-concerts.de
55   www.magenta.nl
56   Im Farbkartenset »Colores« betitelt William Berton Magenta bezeichnenderweise mit »Fuchsia-die Wunde« vgl. Begleitheft S. 40

Herausforderung. Und wir wissen auch wie diese Lücke zu schliessen ist: mit der magenta Botschaft, dass wir alle *eigentlich* Kinder Gottes sind!

Konsultieren wir zu den »Enden des Regenbogens« abschliessend noch die Popmusik,[57] das offensichtlichste Sehnsuchtsbarometer unserer Gesellschaft. Tatsächlich sind Musiker- und Bandnamen in der ganzen Palette von Rot über Violett zu Magenta zu finden: *Deep Purple, Pink Floyd oder Simply Red,* daneben aber auch eine Folk-Rock Gruppe namens *Magenta* aus den 70er Jahren[58] oder *Radio Magenta.*[59]

Ein besonders schönes Beispiel für die Farbe, die »das Eigentliche sucht« ist *Magenta,* der lyrische Song mit Clip des spanischen Sängers Bushido: *No pierdas de vista la esencia- que la indiferencia nos quiso robar- Te busco en el color magenta- que tu impertinencia borro al pasar ...* [60] Die Farbe Magenta verkörpert hier das Wesen der Liebesbeziehung in ihrem verstörenden und gleichzeitig heilenden Ganzheitsanspruch.

57 »Popmusik« verstehe ich hier als relativ weiten Begriff vor allem in Abgrenzung zur klassischen Musik.
58 Vgl. www.magentamusic.co.uk
59 www.radiomagenta.it – Daneben gibt es noch die alternative-electro-Band »Radio Magenta« aus Passau.
60 auf: www.youtube.com

Kein Rosa ohne Dornen

Wie Violett das Veilchen, so hat Rosa die *Rose* als Namenspatronin. Mit ihrem Pentagramm der Blütenblätter ist die Rose ein Symbol für Vollkommenheit. Zur vielbesungenen Schönheit der Rose gehört natürlich auch der Duft, nach orientalischer Auffassung die »Sprache« der Rose. Dieser feine Rosenduft begleitet uns in der Interpretation dieser Farbe, die so subtil die Energien von Rot und Weiss mischt.

Rosa ist »süss«, eine echte *Zuckerwattenfarbe*. Gleichzeitig erscheint Rosa als Farbe der menschlichen Verkörperung, der *Inkarnation*, wir erinnern uns an Steiners Begriff des »Pfirsichblüth«! Zusammenfassend kann man also sagen, dass Rosa das *Lustprinzip* repräsentiert, den persönlich gestalteten Lebensimpuls. Nur wenn wir *Freude* empfinden, bewegen wir uns vorwärts: körperlich, geistig und emotional. Rosa vertritt und vermittelt dabei Lebenslust und Lebensfreude, es ist die Farbe der *Wohlfühlstimmung,* Nicht impulsiv oder fordernd wie Rot, aber auch nicht überirdisch oder leer wie Weiss, gleicht es in der Mitte aus in seiner Fähigkeit, gleichzeitig zu beruhigen und zu tonisieren.

Spirituell zeigt Rosa den Weg vorwärts als Mischung von beschränktem *Ich* (Rot) und umfassenderem *Selbst* (Weiss). Das Ego (Rot) sorgt wie das Herz zuerst einmal für den eigenen Körper. In der Liebe aber kann es aber über sich selber hinauswachsen. Dieses Wachstum geschieht, wenn das Ego mit dem universellen Wissen und der universellen Kraft, genauer, mit dem Göttlichen in Kontakt kommt. Genau um diese geheimnisvolle Mischung von Beschränkung und Wachstum geht es bei der Mischfarbe Rosa!
  Doch wie bei der Rose gilt auch hier: *Kein Rosa ohne Dornen*. Die Aussage des »Think Pink« kann positiv oder negativ gelebt werden

und ein ganzes Spielfeld der Bedeutungen umfassen: Mitgefühl, Hinterlist, Verführung, Zärtlichkeit, falsche Prophezeiung usw. Also aufgepasst: Nicht immer wird mit Rosa auf dem Banner nur Gutes getan! Das Rot in Rosa steht dann plötzlich für den Missbrauch der Lebenskraft und das Weiss für das Auslöschen des »gesunden Menschenverstandes«. Ich mache in diesem Zusammenhang immer gern aufmerksam auf den Film »Ghostbusters II«, in dem als ein Symbol verdrängter Negativität ein unterirdischer Strom aus rosa Plasma unter NY durchfliesst!

Rosa wird in der spirituellen Interpretation sogar mit dem Allerhöchsten in Verbindung gebracht, mit der *bedingungslosen Liebe.* Hier schliesst sich der Kreis zur Rose als altes Liebessymbol. Im Aura-Soma–System heissen die Flaschen Nr. 11 und 71, die Klar mit Rosa kombinieren, *Essenerflaschen.* Jesus, der, wie man annimmt, den Essenern nahestand, sprach denn auch in der Bergpredigt vom Gleichgewicht von Eigenliebe und Nächstenliebe als wichtigstem Gesetz der Menschlichkeit (das berühmte »Liebe deinen Nächsten wie dich selbst«). Wird dieses Gesetz verdreht, dann wird Rosa zu einer »*bedingungslosen Liebe«,* die die *Bedingungen* (Bedürfnisse) des andern *negiert,* das heisst Rosa wird zum Sinnbild des Profitierens!

Zum Schluss stellt sich natürlich die Frage: Muss man die negativen Seiten der rosa »Zuckerfarben« so stark ins Auge fassen? Ich glaube *ja,* weil hier die Gefahr des missbräuchlichen Farbsymbols besonders gross ist. Erst wenn wir die geistigen Schattenbereiche kennen, können wir Rosa bewusst und konstruktiv einsetzen!

Magenta im Überblick

Die Farbe Magenta bedeutet:

QUALITÄT

DAS EIGENTLICHE

INDIVIDUALITÄT

GANZHEIT

DAS INNERE KIND

DEN GÖTTLICHEN KERN

ZEICHENBILDUNG UND ZEICHEN

MENSCHENWÜRDE

REGENBOGENLOGIK

Magenta:
Q
U
A
L
I
T
Ä
T

Rot: **Orange:**   **Gelb:**   **Grün:**   **Blau:**   **Indigo:**   **Violett:**

R   S
E   E
P   L
E   E
T   K
I   T
T   I
I   O
T   N
I
O
N

PRAXISTEIL MAGENTA/ROSA

Rosenblatt

*Tauchen Sie ein in die Farben der Rosen! Wählen Sie von Ihren Lieb-
lingsrosen ein oder mehrere Blätter und pressen Sie diese (zum Beispiel
in einem Buch) während einigen Tagen.*

*Blicken Sie durch die gepressten Blütenblätter ins Licht. Nirgends wer-
den Sie sattere und differenziertere Rot- bis Rosatöne studieren können,
weder bei Kirchenfenstern noch bei Farbfolien! Es ist Farbtherapie und
Wohlgefühl pur!*

Die Vergangenheit versüssen

*Ich bin nicht der Ansicht, dass die Vergangenheit totes Material ist. Durch
unsere fortlaufenden Erfahrungen ändert sich zwar nicht die Form, aber
Bedeutung und Wert der Vergangenheit. Dem können wir im positiven
Sinne etwas nachhelfen!*

*Diese Übung ist für das Kinder-Ich in jedem von uns, darum ist sie
gleichzeitig locker und radikal: Schlagen Sie Ihre Agenda auf und übermalen Sie alle vergangenen Termine und Notizen, die Sie stören mit
Tippex. Sie haben nun das Unangenehme mit Weiss gelöscht! Dann
nehmen Sie einen roten oder magenta Kugelschreiber oder sogar einen
Glitzerstift und malen oder schreiben etwas darüber. Neben positiven
Symbolen eignen sich Wörter mit den Umlauten ö ä oder ü speziell,
um das Vergangene zu versüssen. Wenn Ihnen nichts Positives einfällt,
dann empfehle ich, ein einfaches Mandala zu zeichnen, was automatisch
ausgleichend wirkt.*

Rosa Peter: eine Gruppenübung

Diese vom »Schwarzen Peter« abgeleitete Übung ist sehr nachhaltig und kann mit bekannten oder unbekannten Personen durchgeführt werden. Die Frage, die wir in der Runde stellen, ist: Wer braucht jetzt am meisten den »rosa Peter«? Was natürlich heisst: Wer soll jetzt mit ein bisschen Glück verwöhnt werden? Sie werden sehen, es wird kein Zufall sein, wer gewinnt!

Als ich dieses Spiel erfand, dachte ich an die vielen kompetitiven und destruktiven Spiele auf dem Markt. Gerade das Thema Rosa ruft uns aber auf, mehr über konstruktiven Spass nachzudenken.

Der Spielablauf:

Vor dem Treffen wird über das Vorgehen informiert. Am betreffenden Tag bringen alle einen (verpackten) rosa Gegenstand mit. Dieser soll ein Symbol für Glück sein. Ein gewöhnliches Kartendeck »Schwarzer Peter« wird jetzt verteilt und das Spiel wird wie normal durchgespielt. Wer am Schluss den »schwarzen Peter« in der Hand hält, ist aber diesmal der »rosa Peter«, nämlich der Glückspilz des Tages und erhält alle rosa Geschenke!

Der schamanische Spaziergang zum Thema Magenta-Rosa

Was ist das, ein »schamanischer Spaziergang«? Es ist eine Unternehmung, die wie ein Traum oder ein Orakel gedeutet wird. Wir gehen ganz normal spazieren, aber nehmen uns dabei ein Problem vor bzw. stellen uns eine Frage. Das funktioniert besonders gut mit Farben, die wie ein Medium für unsere unbearbeiteten Bereiche wirken.

C. G. Jung hat beobachtet, dass sich um das Bewusstsein, wenn es einen Entwicklungsschritt macht, die Situation auch im Äussern »kons-

telliert«. *Das ist Schamanismus pur, ein altes Wissen um die Analogie-
magie! Viele alte Völker haben so in der Natur »gelesen«.*

*Für unseren Spaziergang gehe ich von der Farbpalette von Rosa bis
Magenta aus. Wir achten beim Gehen (nicht Joggen!) auf alle Situationen, in denen diese Farbtöne auftauchen, bzw. sich »konstellieren«. Es hat
seinen Sinn solche Farbspaziergänge gerade mit Magenta, der Farbe für
das Zeichen, zu beginnen! Magenta ist zudem, wie wir wissen, die Farbe
des inneren Kindes, während Rosa oft auf Beziehungen zu Lebenden
und Verstorbenen verweist. Zusammen haben Magenta und Rosa, die
Fähigkeit ganze Lebensabschnitte zu inszenieren.*

*Zur Illustration gebe ich Ihnen das äussere Protokoll eines ROSA-MA-
GENTA-Spaziergangs, den ich Anfangs April 2008 unternommen habe.
Die Interpretation liegt dabei – und das betone ich hier ausdrücklich –
IMMER bei der Spaziergängerin/beim Spaziergänger persönlich!*

*Von unserer Wohnung in Stäfa ging ich am Eltern-Kind-Zentrum vor-
bei seewärts. Dieses Gebäude ist in Altrosa gehalten. Es ist übrigens das
berühmte Saffa-Haus (ein sehr originelles Holz-Fertighaus der Architek-
tin Lux Guyer, 1928 entstanden anlässlich der ersten Schweizerischen
Ausstellung für Frauenarbeit). Die Hausfarbe sowie einen blühenden
japanischen Kirschbaum nahm ich an diesem Tag bewusster wahr.*

*»Soir de lune« verkündete dann ein Schriftzug in sattem Pink im
Schaufenster einer Apotheke. Im DVD-Shop beim Bahnhof weiter unten
befand sich ein magenta Plakat:«Sex and death«. Als ich unten am See
angelangt war, rannte ein ganz in Rosa gekleidetes Kind an mir vorbei.
Dann kam der Hammer! Beim Hafen hatte jemand die Türdekoration
eines Restaurants genau jetzt neu arrangiert. Magenta Schnurballen
in grünen Zweigen erinnerten an Pfingstrosen. Genug Rosa – dachte
ich – doch auf dem Rückweg bergwärts begegnete mir dann noch kurz
vor dem Eltern-Kind-Zentrum eine ältere Frau mit rosa Schal.*

GELB: DIE VERWANDLUNG DES LICHTS

Organisiertes Licht

Was macht das Hellrot des Lüschertests zum Ausdruck von Antrieb und Einsatz? Es ist die Gelbkomponente! Gelb ist nicht nur die hellste Farbe, sondern auch die Farbe mit der stärksten *exzentrischen Bewegung*.[61] Am besten ist Gelb mit Sonnenstrahlen zu vergleichen, denn Gelb symbolisiert das *Licht*. In der Genesis wird die Erschaffung des Lichtes beschrieben, das *zwischen Himmel und Erde* entstand, was in der biblischen Bildsprache seine Vermittlernatur umschreibt.[62] *Es werde Licht* ... Licht breitet sich aus und macht gleichzeitig Abläufe und Veränderungen und damit auch *Zeit* sichtbar. Was physikalisch verknüpft ist, gilt auch farbtheoretisch: Gelb ist gleichzeitig das Symbol für *Licht und Zeit*.

Licht und seine Stellvertreterfarbe Gelb entspricht aber noch mehr, nämlich der *schöpferischen Bewegung*, welche immer eine gewisse Ordnung bewirkt. Stellt man einen Vergleich an im warmen Farbbereich, so stellt Rot eine differenzierte Kraft dar, Orange eine Fortbewegung,[63] Gelb aber bereits eine geordnete Bewegungsform, wie zum Beispiel den Tanz. Das zielorientierte kosmische Ordnungsprinzip des Lichtes und der Zeit bedeutet also – auch auf der symbolischen Ebene von Gelb – die Funktion der *Organisation*.

Zurück zum Vergleich mit dem Tanz. Denn Gelb symbolisiert ja

---

61   Vgl. die Beobachtungen von Kandinsky zur Bewegungsrichtung von Gelb, Rot und Blau, S. 12

62   Physikalisch beinhaltet das Licht ja auch die Aspekte von Welle und Teilchen.

63   Ich nehme hier einen Aspekt der Funktion von Orange voraus.

nicht nur eine Art »gestapelte« Zeit sondern auch »bewegte« Zeit. Wie anfangs gesagt, ist Gelb die bewegteste Farbe, die man sich vorstellen kann. Es enthält auch *geistige* Bewegung und Beweglichkeit, die es zur klassischen Farbe des *Denkens* macht.

Die grosse Frage ist nun, was geschieht, wenn in einer Kultur Gelb, also Bewegung pur, »erstarrt« ist. Organisation zu fixieren, bedeutet den Übergang vom Leben zum Besitzen. Ein mögliches Szenario zu einem solchen Vorgang, zur Erstarrung der Zeit selber, präsentiert uns Michael Ende in seinem philosophischen Kinderbuchklassiker »Momo«.[64] In dieser Geschichte, die ebenso gut ein Märchen für Erwachsene ist, tauchen *graue Männer* auf, welche die Leute dazu bringen, Zeit zu »sparen«. *Meister Hora* erklärt dem Mädchen Momo, das sich den grauen Machenschaften widersetzt, dass diese gesparte Zeit eigentlich tote Zeit sei, denn Zeit entstehe immer im Jetzt. Meister Hora zeigt Momo dazu die magischen »Stundenblumen«, die blühen und verwelken. Weil man sich die Zeit selber ähnlich wie einen Organismus vorstellen muss, kann Heilung nur geschehen, wenn die Menschen wieder lernen, Zeit zu *erleben.* Lebendig sein heisst also, »sich entfalten und entwickeln« im Sinn der »Stundenblumen«. Deshalb ist Gelb, das Symbol für Licht und Zeit, auch die Farbe der *Lösung und Befreiung,* oder psychologisch gesagt, die Farbe der *Selbstverwirklichung.*[65]

---

64 Erschienen 1973. vgl. die Ausgabe von Thienemann, Stuttgart 2005.

65 Das Unvermögen Zeit zu gestalten äussert sich u.a. in der Freizeitproblematik unserer Gesellschaft. Schon der Begriff »Frei-Zeit« deutet an, dass die Arbeit grösstenteils von ihrem Sinn abgekoppelt wurde, und dass man diesen Sinn ängstlich in der übrig gebliebenen Zeit aufzuholen versucht. *Gesellschaft-Arbeit-Sinn-Zeit* all diese Gesichtspunkte gehören zur gelben »Organisationsfunktion«

Ein Blick in die Natur zeigt, dass Gelb im Pflanzenbereich eine *Schutzfunktion* ausübt. Viele reife Früchte sind gelb. Das Gelb der Karotinoide wird auch in den welkenden Laubblättern sichtbar, wenn im Herbst das Chlorophyll verschwindet. Getreulich begleitet Gelb die verschiedenen pflanzlichen Lebensstationen. Dabei stellen die gelben Früchte eine Art *Zeitspeicher* dar, und es erstaunt nicht, dass Getreidespeicher die Schatzkammern früherer Kulturen waren.[66]

Gold/Geld ist daher nichts anderes als eine Abstraktion des ursprünglichen »gelben Nahrungsvorrates«. Die Geschichte von Momo macht genau diese Zusammenhänge transparent, denn wie Getreidespeicher bestehen die Banken eigentlich aus *erarbeiteter und gesparter Zeit!*

Gelb, die Farbe des Lichtes, hat also einen langen Weg hinter sich. Das in der Nahrung gespeicherte Licht ist am Ende eines kulturellen Prozesses zu Geld, einer abstrakten Grösse in einem Tauschsystem geworden. Die Funktion der Organisation wird zum Geldverteilungssystem. Verselbständigt sich aber in einem solchen Geldverteilungssystem die »gelbe« Organisation von den andern Lebensfunktionen, so zerstört sie sich selber. Ein prominentes Beispiel einer solchen volkswirtschaftlichen Selbstzerstörung ist bei den *Mayas* zu finden. Diese kultivierten immer zwangshafter ihr eigenes Zahlungsmittel, die Kakaobohnen, bis schliesslich ihr Wirtschaftssystem in einer »Finanzblase« kollabierte ...

---

66   *Kultur* selber ist ja ein landwirtschaftlicher »gelber Begriff« kommt er doch von *colere= den Acker bebauen.*

Der richtige Moment

Über die Symbolik von Sonne und Licht bedeutet Gelb *Fruchtbarkeit* und damit auch *Macht*. So wie in China Gelb, die Farbe von Reichtum und Nahrung (Hirse) dem Kaiser vorbehalten war, ist Gelb noch heute eine Herrscherfarbe in Afrika. Allerdings hat sich diese Verknüpfung von Licht, Fruchtbarkeit und Macht und damit die Einstellung zur Gelbsymbolik, wir sahen es im letzten Kapitel, mit zunehmenden Wohlstand und abnehmender Naturverbundenheit gewaltig verändert.

Gelb die Farbe von Reifen, Blühen, Fortpflanzung (Pollen) und Welken erscheint mehrmals im Laufe des pflanzlichen Lebensrhythmus. Dabei ist Gelb sehr auffällig, vor dunklem Hintergrund hat es von allen Farben die stärkste *Signalwirkung*. Die Symbolfarbe der Zeit ist aber auch eine alte *Frühlingsfarbe*. Im Frühling sind die gelben Themen *Licht und Zeit* quasi »potenziert« vorhanden. Die Tageslänge nimmt zu, es ist eine beliebte Zeit, um Hochzeit zu halten. Auch die Blumenwelt ist gelb gestimmt mit vielen gelben Frühblüher wie Huflattich, Schlüsselblumen, Narzissen, Primeln, Löwenzahn, Mimosen, Ginster usw.

Noch heute ist in romanischen Ländern die gelbe Frühlingsfarbe ein Symbol der *Hoffnung*. In Indien, wo Gelb die Hochzeitsfarbe ist, werden bei einem glücklichen *Wiedersehen* gelbe Kleider getragen. Ähnlich motiviert ist es, wenn in Amerika ein um einen Baum gebundenes gelbes Band (*yellow ribbon*) den Heimkehrer empfängt. Der Mensch *imitiert* also das Gelbsignal, das an den essentiellen Punkten der natürlichen Abläufe erscheint, und er imitiert besonders gern das glückbringende Signal des Frühlings. Dabei wird klar, dass Gelb in doppeltem Sinn temporal ist. Es ist die Farbe der linearen Zeit (*chronos*) und auch die Farbe des richtigen Zeitpunktes (*kairos*). Und der richtige Zeitpunkt hat immer auch mit Fruchtbarkeit zu tun. In den Naturreligionen wurde deshalb, damit der gelbe Früchtesegen nicht ausblieb, Gelb zur *Opferfarbe* an den Geist/die Geister der Natur. Für die gelben Früchte muss auch eine Gegengabe erfolgen, ein Gedanke, der noch rudimentär in unseren Erntedankfesten vorhanden ist.

In Europa war das provokative Gelb des »richtigen Zeitpunktes« Jahrhunderte lang umstritten wie keine andere Farbe. Neben der Verwendung als reine Signalfarbe war es die Farbe der Juden und Dirnen, es diente also der *Ausgrenzung*. Gelb als Symbol der *erfüllten Liebe* im mittelalterlichen Kleidercode war nur noch ein »Einsprengsel« im Sinne der alten Bedeutung von Zeit und Frucht-barkeit.

Aufschlussreich ist ein Blick in die griechische Götterwelt. Hier gibt es *Dionysos,* den Gott des Weines, zu dessen Ehren wilde eks-tatische Rituale in safrangelber Kleidung abgehalten wurden. Im Gegensatz dazu war *Apollon* der Gott des Lichtes (wobei ja Licht durch Gelb symbolisiert wird!) des Frühlings und der Kunst (Musik) insgesamt ein eher gemässigter Gott.[67] Dionysos und Apollon, diese seit Klassik und Romantik oft inszenierte Gegenüberstellung, zeigt die unheilvolle Problematik Europas mit der Farbe Gelb. Das Un-heil besteht in einer *Spaltung* der Organisationsfunktion in einen wilden »dionysischen« und einen strukturierten »apollinischen« Teil. Rationales und Irrationales befinden sich in einem dauernden Verdrängungskampf, wobei das *Prinzip der Menschlichkeit* verloren geht. Wohin das führte, dokumentiert als schrecklichstes Beispiel die perfekt organisierte Ermordung von 5-6 Mio. Juden im Holo-caust: ein pervertiertes »gelbes« Opferritual![68]

Vielleicht sind die vielen politischen, sozialen und umweltschüt-

---

67 Vgl. Cornelia Isler-Kerényi: Apollon und Dionysos. Götterbilder im Ka-leidoskop neuzeitlicher Rezeption. NZZ, Ressort Literatur und Kunst, 13.10.2001, Nr. 238, S. 86
68 Vgl. auch die gelben Judensterne!

zerischen Organisationen von heute eine Antwort darauf, dass sich Europa endlich auf eine Organisationsfunktion des *respektvollen Miteinanders* besinnen will.

Die Farbe der Persönlichkeit

Mit der Organisationsfunktion unauflöslich verbunden ist der Gedanke eines Zentrums. Gelb ist die Farbe der *Mitte*, egal ob örtlich oder ideell. Im chinesischen Elementezyklus finden wir das gelb-braune Erdelement tatsächlich im Zentrum der Darstellung.[69] Auch im jüdischen Kabbalabaum liegt Gelb auf der Mittelachse, etwa auf Herzhöhe und gehört zu *Tifereth*. Als Farbe der *Persönlichkeit* symbolisiert Gelb das *eigene Zentrum des Lichtes*. Aus diesem Zentrum können wir ernten oder opfern, psychologisch gesprochen, *Ressourcen aufbauen oder nutzen*.

Was aber sagt die Bibel über die persönliche Entwicklung? Jesus hatte in seinen Gleichnissen einiges über »gelbe Themen«, über Reichtum und Opfer mitzuteilen. In seinen Aussagen über Saatkörner, die wachsen, Lampen, die brennen und Talente, die eingesetzt werden sollen, betont er wie ein guter Psychotherapeut die Wichtigkeit des persönlichen Einsatzes, bzw. der persönlichen Entwicklung.

Doch Bemühung und Weisheit beim Einsatz der persönlichen Möglichkeiten sind nicht alles. So sprach Jesus einmal davon, dass eher ein Kamel durch ein Nadelöhr komme, als ein Reicher ins Himmelreich. Auf die ängstliche Nachfrage seiner Zuhörer ergänzte er aber, dass bei Gott alles möglich sei. Die Nadelöhrgeschichte zeigt, wie wir trotz lebenslangem materiell-spirituellem Konflikt schlussendlich nicht nach unserem eigenen Denken beurteilt werden. Das heisst, dass der Mensch, auch wenn der persönliche Einsatz misslingt, in den Himmel kommen kann,

---

69   Der ganze Erdbereich des Essens und Verdauens, den die chinesische Philosophie so betont, ist natürlicherweise von Erdfarben dominiert. In der Körpertherapie wird die Symbolfarbe Gelb oft mit Nerven und Hormonen in Zusammenhang gebracht (Thema Steuerung/Regulation).

nämlich durch *göttliche Gnade.* Dieses Wort von Jesus ist wichtig für alle kausal denkenden Esoteriker von heute, die vom Bumerangeffekt eines jeden Gedankens und jeder Tat reden. Würden nicht nur die einzelnen Menschen, sondern die Welt als Ganzes nur kausal funktionieren aufgrund gedanklicher und materieller Leistungen, dann wäre sie schon lange untergegangen! Die göttliche Gnade, ein akausales und daher *kreatives* Prinzip, greift genau bei der Farbe Gelb ein. Das ist der »gelbe Schlüssel«, den uns Jesus gibt, nämlich, dass Gott toleranter ist, als wir manchmal erhoffen dürfen. »Gnade«, um es in den Worten der Regenbogenlogik auszudrücken, besteht im Willen und in der Fähigkeit, sich zum Wohl aller neu zu organisieren.

Wenden wir uns nochmals dem Optischen zur. Es fällt auf, dass gelbe Pigmente sehr rasch »verschmutzen«. Schon ein Hauch Grün oder Schwarz zerstört den gelben Eindruck. Noch stärker verdunkelt werden Gelb und Orange zu Beige und Braun. Wir können also die »warmen« Farben von Rot über Gelb bis Braun als *eine* grosse Farbfamilie bezeichnen. Wie gesagt, ist aber bei Gelb ein grosses »Reinheitsbedürfnis« da, sonst wird Gelb nicht mehr als Gelb identifiziert.

Das reine Gelb: Welches Kind kann sich seiner Strahlkraft entziehen? Denken wir an Kinderzeichnungen! Sie werden gekrönt von einer Sonne, die sich meist in einer Ecke oben befindet. Diese Sonne stellt die Strahlkraft des Ich dar, verbunden mit dem geistigen Schutz einer höheren Macht. Hier wird nochmals ganz klar, dass Gelb nicht nur die Farbe der Persönlichkeit, sondern auch der *Schlüssel zum Überpersönlichen* ist! Dass sich das Gelb der inneren Mitte in der Kinderzeichnung so stark in der Darstellung der Sonne manifestiert, zeigt übrigens, wie stark die kindliche Psyche noch an die geistige Welt gebunden ist.

Gelb/Gold ist die Farbe der Mitte, der Ort in unserer Psyche, an dem sich uns der Sinn einer Sache, aber auch unser Lebenssinn selber, erschliesst. Wegweisend war C. G. Jung, als er dieses psychische Lichtzentrum in Mandalas seiner Patienten dokumentierte.[70] Das Wissen vom gelben Mittelpunkt, von der *goldenen Mitte* als Orientierungshilfe, lebt auch noch in erstaunlich vielen Ausdrücken. *Goldig* bedeutet authentisch und *goldrichtig* liegt jemand, der irgendetwas treffend beurteilt. In die gleiche Stossrichtung zielt der *goldene Humor*. Sogar auf ein ideales Zahlenverhältnis wird mit dem Begriff des *goldenen Schnittes* angespielt. Es ist in allen Beispielen eindeutig der Goldwert (der psychischen Einsicht), der die Farbe Gelb steigert bzw. »veredelt«.

Weiter ist Gelb auch die energetische Farbe des Solarplexus und liegt in doppeltem Sinn in der Mitte des Körpers. Zwischen oben und unten, zwischen rechts und links, liegt die »Sonne« der *persönlichen Machtausstrahlung*. Ein heftiger Schlag auf den Solarplexus kann zur Ohnmacht führen. Alle persönlichen positiven und negativen Machtbeziehungen laufen über das Thema Gelb. Wenn der Kreis der persönlichen Macht hingegen stark beschnitten wird, dann kann man darauf zählen, dass von irgendwo her Gelb zur Stärkung der eigenen Mitte auftaucht. Ein erschütterndes Beispiel dafür sind die gelben Bilder von Vincent van Gogh. Ich denke an seine *Sonnenblumen*, aber auch das Bild, das er kurz vor seinem Selbstmord malte. Dieses letzte Bild zeigt ein aufgewühltes *Weizenfeld* unter einem tiefblauen Himmel mit schwarzen Vögeln. Keine Sonne ist an diesem Himmel zu sehen. Van Gogh, der Maler des *Sämannbildes* hat sich hier selber in einer letzten schöpferischen Opfergeste »in den Boden gesät«.

---

70 Vgl. Vorwort zum »Geheimnis der goldenen Blüte«, ein chinesisches Lebensbuch, Rascher, Zürich/Stuttgart 1965 (Text und Erläuterung von Richard Wilhelm)

Das Beispiel Van Goghs zeigt, dass Gelb auch zur Farbe des *Wahnsinns, der geistigen Desorganisation,* werden kann. Wer irre ist, kann sich nicht mehr mitteilen. Das macht uns bewusst, dass Gelb, die Farbe des Denkens, auch unmittelbar mit *Kommunikation* verknüpft ist. Dabei ist es die *Bewegung* von Gelb, die den Transport von Inhalten und Energien bewerkstelligt. Überall, wo Kommunikation im Zentrum steht, erscheint gerne Gelb als Symbol. Prominente Beispiele dafür sind die *gelben Berufsseiten* im Telefonbuch, Gelb als Farbe der *Post, sowie* die *Gialli,* wie die Detektivromane in Italien heissen, wobei das Wesen des Detektierens ja in einer besonders aktiven Form der Informationsaufdeckung besteht.

Auch das »Farblogo« der Kommunikation zum Göttlichen ist gelb. Eine Art »Telefondraht« in Trance stellen die gelbgrünen Schnüre um Hals und Schultern im *Santeriakult* dar.[71] Das gleiche gelbe Kommunikationsprinzip zur Geistwelt finden wir beim *Heiligenschein.* Die »gelbe Kommunikation« zum Göttlichen ist universell, denn sie bezieht sich auf die Organisationskraft, die im Licht selber enthalten ist.

---

71 An der Abdankungsfeier von Michael Jackson trugen übrigens alle Männer der Trauerfamilie *gelbe Krawatten.*

Die Rückkehr von Zitronengelb und Lemon

Die hellen Gelb-Grüntöne um 510 nm sind die Frequenz, bei der am meisten Licht durch unsere Atmosphäre dringt. Es sind aber die *Stäbchen*, die Hell-Dunkel-Rezeptoren, die bei 520nm am empfindlichsten sind, während die *Zapfen,* die Farbrezeptoren, ihre maximale Empfindlichkeit um die 555nm haben. Deshalb kann man sich die hohe Signalwirkung von Gelbgrün bei Leuchtziffern oder Spezialfahrzeugen vielleicht dadurch erklären, dass dieser Farbton am ehesten an einen reinen Hell-Dunkel-Effekt herankommt.

Leuchtreklame, Farbfernseher, Neonfarben für Anstrich, Kleider und Accessoires, Leuchtmarker ... all diese gesteigerte Farbigkeit hat das 20. Jahrhundert hervorgebracht und speziell in den 70er und 80er Jahren kultiviert. Ein grosser Licht- und Vitalitätshunger drückt sich da aus! Und so erleben auch die historisch lange missachteten gelbgrünen Farbtöne eine stufenweise Renaissance. Nehmen wir das modische *Lemon* (Hellgrün). Die englische Übersetzung von *Zitrone* wird dabei auf die Farbe der *grünen Limone* (lime) übertragen. Warum dieser Benennungsmischmasch? Wahrscheinlich fasste man das archaische Gelbgrün der *spriessenden Saat* (*ghel/lat helvus*), ursprünglich als eine Doppelfarbe auf.[72] Wörter für die Mischung Gelbgrün sind tatsächlich *älter* als die einzelnen Bezeichnungen für Gelb und Grün. Altindisch *hari* und griechisch *chloros* sowie lateinisch *galbinus* berühren diese Übergangsbereiche zwischen Gelb und Grün. Auch die Benennung der Galle geht auf die grüngelbe Farbe zurück. Eine tief sitzende Abneigung gegen Gelbgrün, die Gesichtsfarbe Kranker, ist von daher verständlich.

---

72   Frieling nennt im »Farbenspiegel« das gelbstichige Grün sinnigerweise *Maigrün.*

Dennoch schlummert in jedem Menschen ein tiefes Bedürfnis nach dem gelbgrünen Farbbereich. So widmet zum Beispiel der Schweizer Schriftsteller Heinrich Federer in seiner Autobiografie »Am Fenster«[73] der Farbe Gelb ein eigenes Kapitel. Ein unbändiges Bedürfnis speziell nach *Zitronengelb* beherrscht ihn. Das Gelb der Heilung nimmt er aber, wie im Titel angekündigt, nur als *indirekten* Ausguck wahr, ein tragisches Lebensmotiv. Dass Federer Gelb braucht, ist klar, denn es ist *die* Farbe, welche die Persönlichkeit unterstützt und von Zwängen befreit. Die spezielle Vorliebe für das vitalisierende, leicht grünstichige Gelb ist auch in der physischen Schwachstelle des Autors begründet, der von früher Kindheit an ein schwerer Asthmatiker war.[74]

Federer schreibt:

»Brennt das Lilaröcklein als erste, so flattert wie eine grosse Fahne als zweite, noch tiefere Erinnerung aus dem Vorfrühling meines Lebens wie ein Zitronenfalter in meine alten Tage hinein.

Ich stand am nämlichen Fenster und sah ... .viel Volk über dem Bache das Dorf herabziehen. Es mag wohl ein kantonales Schützenfest gewesen sein. ... .An der Spitze ging einer in stolzer Uniform, warf ab und zu einen versilberten Stab hoch und fing ihn wundervoll wieder auf, alles im Takt und Rhythmus der Blechmusik. Er regte mich sonderbar auf, aber noch weit mehr sein Hintermann mit einem gelben Banner. Im Mittagslicht schwang er die Seide hin und her. Da glänzte sie in allen Süssigkeiten des Goldes, bauschte sich trotzig zusammen, zerflatterte wieder lachend und glättete sich in ihrer ganzen breiten Sonnigkeit. Diese gelbe Fahne verhexte mich im Nu. Es war das erste Glorienstück dieser Art, das in mein kleines Leben blitzte, und ich ahnte nichts von seiner symbolischen Kraft. Dennoch sah ich nichts andres mehr.

---

73   Groot'sche Verlagsbuchhandlung, Berlin 1927
74   Bei Ingrid Kraaz von Rohr finden wir den Hinweis auf »Lemon« als Therapiefarbe für den Thymusbereich. In: Farbtherapie, Nymphenburger Verlag, München 2003 (mittlere Farbtafeln)

Ein wollüstiger kleiner Schauder, der mir den Nacken zusammenzog, ging durch den schwachen Knabenleib. Eine unbändige Begeisterung wütete in mir. Ich fragte, schrie, jauchzte vor Eifer wie ein kleines Ungeheuer und sog das Banner bis zur letzten goldenen Quaste in meine junge Seele hinein.

Seit diesem Tage wirkten Fahnen und vor allem das helle Zitronengelb auf mein Auge und auf das, wofür das Auge nur Fenster ist, mit einer unheimlich starken, beinahe verhängnisvollen Macht.[75]

Federer braucht Zitronengelb aber nicht nur physisch, sondern, wie bereits angetönt, auch als stärkende Farbe im Gefühlsbereich. Zitronengelb und Lemongrün haben viel mit der *Verfeinerung und Integration von Denken und Fühlen* zu tun, wobei gleichzeitig der *Mut zum Selbstausdruck* gestärkt wird. Menschen, die lernen müssen, zu sich zu stehen, brauchen diese Farbtöne.

Bei Gelbgrün geht es um *Fragen und Antworten,* das heisst, um einen inneren und äusseren Dialog.[76] Wer gleichzeitig lernen muss, sich selber *ernst* und das Leben doch ein wenig *leichter* zu nehmen, fragt sich ständig: »Wo stehe ich? Ist das wirklich so? Was gibt mir das?« Zitronengelb und Lemongrün helfen genau bei diesen kleineren oder grösseren Sinn- und Sachfragen. Gelbgrün ist so etwas wie der »Privatdetektiv« der Farben. Durch die Antworten, die Gelbgrün liefert, wird deshalb nicht nur die physische, sondern auch die *geistige Immunkraft* gestärkt.

Die Grundvitalität des Lebens drückt sich auf unserem Planeten in Gelbgrün aus. Jede Interpretation bemerkt in ihren Assoziationen zu Gelbgrün/Grüngelb diese wunderbare Verknüpfung von

---

75 ebda. S. 10f.
76 Vergessen wir nicht, es ist die Farbe der spriessenden Saat, eine »drängende Farbe«, die sich inhaltlich der totalen Offenheit aussetzt.

Licht und Wachstum. Bei Mary Weddell zum Beispiel ist der gelb-grüne Strahl der *Versorgungsstrahl der Aura.*[77]

Dabei umgibt Zitronengelb oder Lemongrün stets ein Hauch von Frische und Sauberkeit. Dies beruht nicht nur auf der Reinigungs- und Desinfektionsfähigkeit von Zitrone und Limone. Gelbgrün ist, wie gesagt, die Farbe des Wachstums und des neuen Lebens und Neues wirkt immer reinigend. Es ist der ständige *Wechsel,* den wir bei der Funktion von Grün antreffen werden, der in diesen Farbbereich hineinspielt und sich mit der Funktion von Gelb, der Organisation von Leben, verbindet. Gelbgrün bedeutet also, kurz gesagt, *ständige Reorganisation.*

---

77 Der Strahl wird »Chartreuse« benannt, nicht unpassend nach dem hoch-prozentigen Kartäuserschnaps. Vgl. Schöpferkraft der Farbe, S. 52f.

<u>Gelb im Überblick</u>

Die Farbe Gelb bedeutet:

ORGANISATION

LICHT

ZEIT UND RHYTHMUS

DAS RICHTIGE MASS

DIE GOLDENE MITTE

DIE PERSÖNLICHKEIT

INTELLEKT UND INTUITION

GNADE

REGENBOGENLOGIK

Magenta:
Q
U
A
L
I
T
Ä
T

Rot: **Orange:**   **Gelb:**   **Grün:** **Blau:** **Indigo:** **Violett:**

Rot:
R
E
P
E
T
I
T
I
O
N

Gelb:
O
R
G
A
N
I
S
A
T
I
O
N

Violett:
S
E
L
E
K
T
I
O
N

PRAXISTEIL GELB

Das gelbe Zimmer

Für die Persönlichkeit (die innere Sonne, Tiferet im Lebensbaum) ist es wichtig, dass Sie einen dauernden Bezug zur Farbe Gelb haben. Ich empfehle deshalb, in Ihrer Wohnung/Ihrem Haus eine »gelbe Ecke« oder ein »gelbes Zimmer« einzurichten. Einfache gelbe Gegenstände (Decke, Kissen, Vorhänge, Kerze, Blumen, Bild usw.) verbreiten eine »sonnige« Stimmung, denn Gelb ist die Farbe, die zum Strahlen bringt.

Es geht aber nicht nur um Aufhellung. Gelb bringt auch Bewegung in Ihre Gedanken. Ein »gelbes Zimmer« eignet sich ausgezeichnet für intellektuelle und künstlerische Tätigkeiten. Gelb als Ideenlieferant wird Ihnen Antworten und, ebenso wichtig, neue Fragen bringen.

<u>Zusammenfassend bringt Gelb der Persönlichkeit:</u>
- *Zentrierung*
- *Bewegung*
- *Lösung*
- *Heiterkeit*

Meditation zum goldenen Ei

Dies ist eine tiefgreifende schamanische Meditation zum Zentrum Ihrer Persönlichkeit und zu Ihrer Selbstverwirklichung. Schliessen Sie Ihre Augen und stellen Sie sich folgende Situation vor:

Sie stehen in einem ebenen Raum (Wiese, Sand, Erde, Stein ...) mit unendlichem Horizont. In der Hand halten Sie eine Vogelfeder, die in Farbe und Form genau zu Ihnen passt. Mit dieser Feder »reinigen« Sie alle vier Himmelsrichtungen. Sie schwenken dabei die Feder leicht hin und her, im

Osten beginnend, dann im Uhrzeigersinn Richtung Süden, Westen und Norden. Beobachten Sie, ob sich der Himmel dabei verändert. Welche Tageszeit beobachten Sie? Wo steht die Sonne? Ist der Himmel bedeckt? Geht ein Wind?

Dann machen Sie in Ihrer Vorstellung selber kurz die Augen zu und wieder auf. Vor Ihnen liegt ein nun ziemlich grosses golden schimmerndes Ei. Wie gross ist es? Es spielt keine Rolle. Aber beobachten Sie das Ei. Es scheint zu leben. Zu-erst zittert es ein bisschen, dann bekommt es bekommt Risse und »Plupp« zerbricht es. Heraus kommt ... etwas, was genau zu Ihnen gehört und Ihnen hilft, sich selber treu zu sein. Es muss gar nicht unbedingt ein Vogel sein, es kann ein Pferd, ein Hammer, ein Schreibstift, eine mathematische Formel, ein Haus, ein Auto, ein Mensch, ein Berg, ein ganzer Planet sein. Vielleicht ist es auch etwas, was Sie aus Ihrer Vergangenheit bereits kennen und woran Sie erinnert werden sollen.

Sie betrachten eine Weile das, was herausgekommen ist. Es wird Sie in Zukunft begleiten, bzw. Sie werden es auf den Weg mitnehmen, der sich jetzt vor Ihren Füssen durch die Ebene zieht Richtung Horizont.

Hier brechen Sie die Übung ab. Sie sind froh, stolzer Besitzer von einem goldenen Ei zu sein, dessen Schalen Sie hier in diesem Meditationsbild liegen lassen. – Wenn Sie diese Übung wiederholen, dann wird das Ei immer wieder ganz vor Ihnen liegen. Denn Ihr Leben hält noch viele überraschende Gaben für Sie bereit!

Das Feuer der Reinigung

Es werden zwei Varianten vorgestellt, die sich beide mit der gelben Kraft der reinigenden Re-Organisation befassen.

Variante I
Das Vorgehen ist sehr einfach und altbekannt: Schreiben Sie etwas was,

Sie los sein möchten, auf einen Zettel. Dann verbrennen Sie das Papier und – das ist wichtig – zerstreuen die Asche oder spülen Sie sie das Klo runter.

Seien Sie sich bewusst, dass Sie sich beim Aufschreiben **massvoll** nochmals mit der unangenehmen Sache beschäftigen. Wenn Sie zu sehr hereingezogen werden, dann kürzen Sie ab!

Oft wird in spirituellen Kreisen behauptet, dass der Kosmos keine Verneinung kenne. Dem muss ich widersprechen! Natürlich kennt der Kosmos die Verneinung, ja sogar viele Formen der Verneinung. Sonst würden Umwandlungs- und Reinigungsrituale ja nie funktionieren! Tatsache aber ist, dass ein angeschnittenes Thema jeweils mit all seinen Varianten im Raum steht. Gerade bei angstbesetzten Erlebnissen sollte man kraftvoll und bewusst auf die Negationsform zusteuern, bzw. sich auf den Ritualablauf selber konzentrieren.

Variante 2
Nehmen Sie einen Gegenstand aus Ihrer Vergangenheit, den Sie los werden möchten. (Papier: Postkarte, Brief, Zeichnung, Plan ...) und verbrennen Sie ihn. Entsorgen Sie die Asche.

Diese Variante hat den Vorteil, dass Sie die Energie der Vergangenheit, die am Gegenstand klebt, direkt mit verbrennen. Es ist ein sehr machtvolles und bequemes Vorgehen, das an die alten Sonnwendfeuer erinnert. Gerade deshalb sollten Sie es nicht übertreiben, damit die Wirkung nicht verloren geht.

Meditation über das letzte Wort

Jeder kennt das Kinderspiel des Kräfte messenden Dialogs mit folgendem Strickmuster: »Ich habe 100 Bücher/Videos, Murmeln ... Nein, ich habe immer eins mehr ... Dann habe ich auch immer 10 mehr...« Meistens enden solche Übertreibungsspiele mit Streit, weil nicht mehr klar ist, wer jetzt Recht, bzw. »mehr« hat. Denn Zeit ist relativ. In Blickrichtung Dialogbeginn hat die erste Aussage des «Mehr» Priorität, im Sinne des Zeitablaufs aber die letzte Aussage des »Mehr«. Bevorzugt spielen Kinder (und Erwachsene) mit dem Blick »auf das letzte Wort«. Es ist ein »gelbes« Machtspiel, bei dem das »letzte Wort« den Sieger krönt.

Dieses Spiel mit der schöpferischen Kraft der Zeit zeigt die Macht der Organisationsfunktion. Der Dialog wird mit dem letzten Wort als Höhepunkt abgeschlossen und die Spielteilnehmer wissen genau, worum es geht.

Meine Anregung hier ist, **jedes** Gespräch im Bewusstsein der Macht des letzten Wortes abzuschliessen. Es geht darum, auch eine problematische Diskussion richtig ausklingen zu lassen. Meditieren Sie also über mögliche konstruktive, offene und wohlwollende »letzte Sätze«, zum Beispiel: Gut haben wir das besprochen ... Toll, dass du mir vertraut hast ... das muss ich mir nochmals überlegen ... ich werde an dich denken ... .vielleicht gibt es noch eine bessere Lösung ...

Nicht zuletzt könnte man das gute altmodische »Gott behüte dich« wieder einführen!

Gelbe Kraft in Lebensmitteln

Ich habe zu folgenden gelben Lebensmitteln/Pflanzen einige Stichworte gesammelt. Wichtig erscheint mir, nochmals auf die <u>Schutzwirkung der Farbstoffe</u> im gelben, roten und grünen Gemüse und Obst hinweisen. Es hat seinen Sinn, wenn wir plötzlich ein Bedürfnis nach einem bestimmten Nahrungsmittel verspüren, wenn wir uns von deren Farben angezogen fühlen.

Mais	gegen Übersäuerung, verleiht Lebensmut
Banane	gegen Übersäuerung, gleicht den Serotoninspiegel aus,
	guter Mineralstofflieferant
Zitrone	körperlich und geistig klärend und reinigend
Curry/Kurkuma:	anregend, wärmend, die Abwehrkräfte stärkend
Safran	Heitermacher, geistiger Schutz
Honig	herzstärkend, Vitaminlieferant, beruhigend
Quitten	entgiftend, die Verdauung unterstützend, Ich-Stärkung
Johanniskraut	Stimmung aufhellend (als Tee und nur zum An-schauen)
Ringelblume	heilend (kosmetisch-medizinisch), gegen Schock
Arnika	alte Arzneipflanze, geistiger Schutz
Schlüsselblume	gegen Infekte, Lebensbejahung
Sonnenblume	(geistig) nährend, mit Kräften haushalten lernen
Goldlack	giftig! Geruch vermittelt Geborgenheit

ORANGE:
DAS WESEN DER BINDUNG VERSTEHEN

Die Farbe des ersten Schrittes

Die Farbe Orange lässt klar ihre Komponenten Gelb und Rot erkennen. Noch Goethe sprach von Rotgelb (Orange) und Gelbrot (Hellrot).[78] Aber obwohl Orange eindeutig als subtraktive Mischfarbe zu erkennen ist, handelt es sich hier um eine eigenständige Farbfunktion.

Um diese Funktion zu definieren, müssen wir von den Funktionen von Rot und Gelb ausgehen. Die Funktion von Rot ist die *Repetition* als erschaffende und gleichzeitig begrenzende Geste. Wir erinnern uns, dass Rot die Farbe von Kraft, Schutz aber auch der Zahl ist. *Organisation* als Funktion von Gelb koordiniert das Wirkungsgeflecht eines Systems. Dazwischen schlägt Orange eine Brücke. Orange ist die Farbe des Hinzufügens und kann somit nichts anderes symbolisieren als die *Bindungsfunktion*. Dabei bringt Orange Bewegung ins Spiel, denn es ist die Farbe des *ersten Schrittes* zwischen der Stabilität von Rot und der Agilität von Gelb.

Im psychosozialen Bereich führt uns Orange zu den Fragen: Lebt unsere Gesellschaft die Bindungsfunktion ausgeglichen oder herrschen doch eher die Extremverhalten von *Besitzergreifung* und *Unverbindlichkeit* vor? Klar wird eines nach den Beobachtungen der letzten Kapitel: die orange Bindungsfunktion hat keinen einfachen Stand, »eingeklemmt« zwischen einer übermächtigen Repetitions-

---

78 Sinnlich-sittliche Wirkung der Farbe, Punkte 772ff. und 778ff.

funktion und einer zwiespältigen, erstarrten Organisationsfunktion.[79]

Wenn wir im sozialen Bereich bleiben, so könnte man die sinnvoll gelebte Bindungsfunktion mit der *sozialen Kompetenz* gleichsetzen. Verbindlichkeit im ethisch-moralischen Sinn gilt auch gegenüber einer Arbeit, der Natur, andern Nationen usw. Dabei ist die Bindungsfunktion immer *mehr* als nur ein Kontaktieren, es entspricht eher einem *Vertrag*. Zu etwas zu stehen, entspricht der absichernden repetitiven Rotkomponente in Orange. Dass die Bindung dann zum Sinnträger wird, ist wiederum dem organisatorischen Gelbanteil zu verdanken. Wir sehen also, dass die Bindungsfunktion, wie jede der andern Funktionen, ein vielfältiges Innenleben hat!

---

79   Vgl. S. 18ff. und S. 55

Kreative Weisheit

Lange war Orange in Europa eine *unbeliebte* Farbe, was sich auch sprachlich spiegelt. Ein typisches Beispiel dafür ist der *orange* Morgenhimmel, der ausweichend Morgen*rot* genannt wird. Erst im 17./18. Jahrhundert tauchte über arabisch *narang* das französische Lehnwort *Orange* auf. In Asien dagegen war Orange schon immer präsent auf Bildern, an Gewändern und auch als idealisierte Farbe des Teints. Orange ist auch die Farbe von Buddhismus und Konfuzianismus. Tatsächlich dominieren in Asien parallel zu einer Orange-vorliebe bis heute sowohl das familiäre als auch das religiöse *Bindungsprinzip*.

Die Farbgrenzen zwischen Orange und Goldgelb sind schwer zu ziehen. Schaut man die Bewertung von Gelbnuancen im alten Rom an, so wurde offensichtlich das rötliche Gelb (luteus) dem grünlichen Gelb (galbinus) vorgezogen, wobei der rötliche Schimmer natürlich an Gold erinnerte. Nicht nur das Bacchusritual war mit Orangegelb verbunden, auch die Kleider des Hochzeitsgottes waren *croceus*. Hier geht die Bedeutung von Orange in den Fruchtbarkeitsaspekt von Gelb über. Diese sinnliche Verbindung von *Erfahrungswerten und spirituellem Symbol* erinnert stark an die asiatische Haltung gegenüber Orange. Dass man in Mitteleuropa sonst aber dazu tendierte, Symbol- und Erfahrungswerte zu trennen, zeigt sich deutlich beim Färben mit *Saflor*. Die zwei Farbstoffe der Färberdistel, das wasserlösliche Gelb und das licht- und waschechte Rot wurden in Europa *getrennt*, in Asien dagegen *zusammen* gefärbt.[80]

---

80   Eva Heller: Wie Farben wirken, S. 266 – Die Uneinheitlichkeit der Farbfunktionen von Gelb und Orange haben einen inneren Zusammenhang, der – wie könnte es anders sein – in der »Rotlastigkeit« unserer Gesellschaft zu suchen ist.

Im Chakrensystem gehört Orange zum zweiten Chakra, dem *Svadhisthana*. Dieses zweite *Nabelchakra* wird allgemein als Zentrum der Gefühle, der sexuellen Energie und des kreativen Ausdrucks bezeichnet. Bei der Funktion der Bindung sind wir ebenso im Bereich des Habens wie in demjenigen des Selbstausdrucks. Gefühle, kreative Ideen, ein Kind, eine/n Freund/in »hat« man und »befreit« man durch die Bindung gleichzeitig. Warum beides? Im Bereich des Nabelchakra befinden sich Gebärmutter und Blase, die beide antagonistische Funktionen ausüben. Dieses Festhalten und Loslassen stellt das Wesen der Mischfarbe Orange dar, wobei Rot den Pol des Festhaltens und Gelb denjenigen des Loslassens vertritt. Die Funktion der Bindung muss man sich also alles andere als statisch vorstellen. Auch der optische Eindruck von Orange macht dies deutlich: Orange ist eine überaus lebhafte Farbe!

Die *molekulare Ebene* der Bindungsfunktion entspricht dem ganzen Gebiet der *Chemie*. Da unsere Gesellschaft sehr stark von Chemie geprägt ist, kann sie gar nicht anders als materialistisch, d.h. bindungsfokussiert im Materiellen zu reagieren. Pikanterweise wurde im Zeitalter des PVC viel *oranger Plastik* produziert. Das Bindungsthema von Orange tauchte also in unserer Verpackungs- und Verschliesskultur auch als Hülle von Gebrauchsgegenständen wieder auf!

Daneben wurde Orange zur Designfarbe, die sich durch ihre energetische Mischung von Festhalten und Loslassen ausgezeichnet als psychologische *Begleiterfarbe* eignet. Das hat die Werbung[81] ebenso wie die Farbtherapie schon seit einiger Zeit bemerkt. Orange ist in seiner Wirkung die *stärkste Gegenfarbe zu Grau*. Es ist der Mut- und Muntermacher, der einen Aufsteller in die Depression und einen persönlichen Ausdruck in das »graue« Einerlei

---

81   Um zwei Beispiele aus der Schweiz zu nennen: Die Schriftzüge bzw. die Hausfarbe von Migros und Coop sind orange!

bringt. Vielleicht kam deshalb Orange in den resignativen 70er Jahren in Mode.

In der Aura-Soma-Therapie wird die ganz in Orange gefärbte Flasche *shock-bottle* genannt. Die Farbe Orange soll bei physischem Schock und psychischen Erschütterungen die Aura schliessen und so den Kreislauf und die Denkfähigkeit wieder in Schwung bringen. *Alles wieder aneinanderzufügen,* entspricht im wahrsten Sinne des Wortes dem *Heilen,* dem »Ganz machen«. Darum umschreibt der Begriff der Bindung auch die grosse Heilfähigkeit von Orange! Orange löst auch die *Erstarrung,* die durch den Schock entstanden ist. Als Mischung von Gelb (Zeit) und Rot (repetitiver Impuls) kann es die psychischen und physischen *Abläufe* wieder herstellen. Wir erinnern uns, dass Orange ja bereits als »Farbe des ersten Schrittes« bezeichnet wurde!

Wir müssen uns noch etwas eingehender dem *spirituellen Orange* zuwenden. In Orange verbindet sich symbolisch die rote Wärmeebene und mit der gelben Lichtebene. Rötliches Gelb und Orange sind daher gleichzeitig *Feuerfarben* und Farben der *Erleuchtung,* darin sind sich buddhistische und christliche Mönche einig! In der christlichen Ikonographie findet sich bei Hugo de Folieto, einem französischen Prior aus dem 12. Jahrhundert, ein schönes Beispiel für das *Orange der Weisheit.* Am Anfang eines Vogelbuches beschreibt er eine Taube mit krokusfarbenen Augen. Die orange Augenfarbe, das *Oculus croceus,* bezeichnet dabei den *maturitas sensus.* Der Mediävist Friedrich Ohly erklärt diese krokusfarbene geistige Reife folgendermassen: «*Wenn einer sein Tun oder Denken reif betrachtet, schmückt er seine geistigen Augen mit Krokusfarbe*».[82]
Es ist kein Zufall, dass das Krokusfarbene gerade im *Augenmotiv*

---

82   in: Schriften zur mittelalterlichen Bedeutungsforschung, Wissenschaftliche Buchgesellschaft, Darmstadt 1977, S. 56ff.

so stark anklingt. Die Augen als Organ des Erkennens sind die »Fenster zur Seele« und stellen eine intensive zwischenmenschliche Bindung her.

Aber nicht nur das: Es ist wichtig zu wissen, dass beim Embryo die Augen als *Verbindungsstelle* zur Aussenwelt aus dem Gehirn *direkt* gebildet werden. Die Augenentwicklung zeigt also den grundlegenden Zusammenhang zwischen der *Entwicklung des Individuums* und der *Bindung an ein Aussen.* Eine *erleuchtete Persönlichkeit* hat sich deshalb auf jeden Fall tiefgreifend mit der Bindungsfunktion aus-einandergesetzt. Mit andern Worten: Der *maturitas sensus* hat herausgefunden, woran er sich binden will und woran nicht. Das ist nichts anderes als der Reifungsprozess durch die *Re-ligio,* durch die Rückbindung ans Göttliche!

Ein kleines Nachspiel zu den krokusfarbenen Taubenaugen. Etliche Monate, nachdem ich den Aufsatz von Friedrich Ohly gelesen hatte, picknickte ich in der Zürcher Innenstadt auf einer Bank des Lindenhofs. Plötzlich war ich von grauen Tauben umringt und sah zum ersten Mal bewusst in krokusfarbene Augen. Taubenaugen haben, ähnlich wie Verkehrsampeln, ein wirklich sehr knalliges Orange! Mit ihrem grauen Gefieder und den »Ampelaugen« vereint die Taube aufs Offensichtlichste die farbpsychologische Spannung zwischen Depressiv-Belastendem und Fröhlich-Befreiendem, in Hugos Sicht natürlich der Gegensatz von grauem Diesseits und goldenem Jenseits.

Kommunikation

Mit der Durchsetzungskraft von Rot und der Gestaltungskraft von Gelb entsteht die *zielorientierte Wirkung* der orangen Feuerfarbe. Diese zielgerichtete Bewegung führt Orange auch im Bereich der *Kommunikation* aus.[83] Die Bindungsfunktion ermöglicht dabei die inhaltliche Verbundenheit, die *Mit-Teilung*. Um es bildlich auszudrücken: Orange funktioniert dabei wie eine Verkettung, es garantiert den Zusammenhalt der Kommunikationsteilnehmer.

Wenn die gesellschaftlichen Themen des Individualismus (Magenta) und der Egozentrik (Rot) zunehmen, dann kommen als Ausgleich auch die kommunikativen Verbindungsaspekte wieder zum Zug. Unzählige Formen von Gruppen schiessen heute wie Pilze aus dem Boden. Es sind »Szenen«,[84] die auch sprachlich ihre Mitglieder an sich binden. Ob Sekte oder Verein, ob Weiterbildung oder Kunst: Es geht dabei immer um Verbindlichkeiten in einem engeren Rahmen, um die »orangen« Bindungskräfte, die in der Gruppe und ihrem »Code« wirken!

Teilen bzw. Mit-Teilen ist aber nicht immer so leicht! *Kommunikationsförderung* ist darum heute ein Riesenthema und auch ein beachtlicher Wirtschaftszweig geworden. Überall wird Kommunikation untersucht, gefördert, perfektioniert und gecoacht. Es besteht also eindeutig ein Zusammenhang zwischen der beschriebenen Vernachlässigung der Farbe Orange bzw. sozialer Unver-

---

83 *Alle* Farbfunktionen sind auf ihre Art am Kommunikationsprozess beteiligt. Vgl. z.B. die Selektionsfunktion als Wahl von Kommunikationskanälen, S. 35f.

84 Eine relativ unstrukturierte Gruppe, eine Ansammlung von Anhängern, ist selber ein »oranges« Phänomen.

bindlichkeit und der daraus entstandenen Gegenbewegung: dem Einüben von mehr Gemeinschaftsgefühl und Verständnis.

Zum Schluss noch zu einem *formalen Kommunikationsaspekt*, den die orange Bindungsfunktion vertritt. Orange entspricht nämlich der Einheit des *Satzes* als mittelgrosses Bindeglied zwischen dem »roten« Wort und dem »gelben« Text. Während das Wort aus dem Wortschatz *wiederholt* abrufbar ist, so ist der Text eine immer wieder neu geschaffene *individuelle* Organisation. Der Satz als Einheit dazwischen ist das *zielgerichtete* Gebilde, das Gefühle und Gedanken transportiert. Sätze können Bestandteil eines Textes sein, dann haben sie auch die Aufgabe, Aussagen zu *verknüpfen*. Stehen Sätze isoliert, dann offenbaren sie meist einen *verbindlichen Charakter* im Alltag. So oder so sind Sätze dynamisch und eingreifend, was genau dem Kick entspricht, den die Symbolfarbe Orange vermittelt.

Orange im Überblick

Die Farbe Orange bedeutet:

BINDUNG

HEILUNG

DEN ERSTEN SCHRITT

DIE GERICHTETE BEWEGUNG

DEN ABLAUF AN SICH

MUT

SPIEL & SPASS

ERLEUCHTUNG

ENTWICKLUNG

REGENBOGENLOGIK

Magenta:
Q
U
A
L
I
T
Ä
T

Rot:	Orange:	Gelb:	Grün:	Blau:	Indigo:	Violett:
R	B	O				S
E	I	R				E
P	N	G				L
E	D	A				E
T	U	N				K
I	N	I				T
T	G	S				I
I		A				O
O		T				N
N		I				
		O				
		N				

PRAXISTEIL ORANGE

Orange Schocktherapie

Die Aura-Soma-Therapie hat es an den Tag gebracht, dass die Farbe Orange ein Schockauflöser ist. Auch orange Farbstoffe in Lebensmitteln haben diese Wirkung. Besonders eignet sich die Orange, den Organismus zu stabilisieren. Hier ein einfaches, aber wirkungsvolles Rezept gegen Übelkeit/Erbrechen, besonders während einer Grippe:

Frisch gepressten Saft von mindestens zwei Orangen mit einer Prise Salz und einem Kaffeelöffel Traubenzucker verrühren. Etwa eine Stund in den Kühlschrank stellen. Eiswürfel können beim Abkühlen nachhelfen. Schluckweise trinken (bei starkem Brechreiz immer nur einen Schluck pro fünf Minuten).

Neugeburt

Wer war zuerst: das Huhn oder das Ei? Die Antwort ist: beides! Die folgende kleine Zeichenübung gibt uns den Hinweis, Neues zu beachten und zu akzeptieren.

Zum Bild: Mit einem roten Schreiber zeichnen Sie ein etwa handgrosses Ei. In die Mitte setzen Sie einen dicken goldgelben bis hellorangen Kreis und malen ihn aus. In dieses sonnige Eigelb zeichnen sie wieder mit Rot in einfachen Strichen ein Küken. Über das Ei schreiben Sie «Neugeburt» und unter das Ei Ihren Namen.

Wieder spielen lernen

Kein Tag ohne Spiel. Was, Sie wissen nicht was spielen, ausser mit Ihren Elektrogeräten wie Handy oder Computer? Ein Spiel ist nicht nur ein Sport, sondern enthält immer auch eine Prise Verrücktheit. Es ist manchmal ein ganz einfacher Vorgang, bei dem etwas Unerwartetes hinzu- oder herauskommt. Man kann eigentlich alles zum Spiel deklarieren, es kommt nur auf die Einstellung an. Nehmen wir uns die Kinder als Beispiel: Sie spielen immer, was sie auch tun! Die Spielfreude entspricht ganz allgemein der Farbe Orange. Wer spielt, ist mutig und locker. Ob Kochen oder Einkaufen, Steuererklärung oder Auto Waschen, eine Abweichung, ein Zusatz zur »Normalität«, bringt Ihnen die spielerische Einstellung zurück. Die Offenheit des Spiels hat zudem noch die positive Nebenwirkung, dass sich plötzlich alte »Problemknöpfe« lösen können.

Stricken ...

... eine Masche wird mit der nächsten verbunden, aber nicht im Sinne einer Serie.

Das Phänomen der Serie stellt nämlich die pure und isolierte Funktion von Orange dar, im Sinne von »Fortsetzung folgt«. Das heisst, es geht immer weiter – aber wohin? Bei der Serie, kann man sagen, hat die Bindungsfunktion einen neurotischen Charakter angenommen.

Mit Tätigkeiten wie Stricken kann man Gegensteuer geben. Therapeutisch am Stricken ist, dass die Bindungsfunktion auch mit einem Ziel verbunden wird, nämlich mit dem fertigen Produkt. Salopp gesagt gleicht das Stricken damit einem Gebetsritual, auch wenn am Ziel nicht die Erleuchtung, sondern nur ein Pullover steht...

Das Tischset

Die Philosophie der Höflichkeitsrituale hat weltweit verschiedene For-
men. In der westlichen Gesellschaft gibt es noch Überbleibsel des Knigge,
die aber mehr oder weniger eine geschäftliche Formsache geworden sind.
  Die Bindungsfunktion von Orange hat, so seltsam dies erscheinen
mag, einiges mit <u>Höflichkeit</u> *zu tun. Orange ist in erster Linie die Farbe,*
die Verbindungen herstellt zu Gefühlen und Gedanken, zu Dingen und
Menschen, zu Wertvorstellungen und zu Zielen. Allerdings hat Orange
auch die Fähigkeit, eine Zwischenposition einzunehmen, eine Art »Emp-
fangs- oder Warteraum« zu schaffen. Höflichkeit ist also eine »orange
Umgangsform«, ein künstlich und bewusst erzeugter schützender Spiel-
raum innerhalb der Bindung oder Beziehung. In Asien, wo Orange eine
beliebte Farbe ist, sind freundlich gemeinte Höflichkeitsrituale übrigens
an der Tagesordnung!

Ich möchte hier einen Anstoss geben für ein simples Höflichkeitsritual in
der eigenen Familie. Versuchen Sie den Esstisch immer mit einzelnen Sets
(Tellerunterlagen) zu decken. Sie werden über die Wirkung erstaunt sein.
Das Tischset schont nicht nur den Tisch und ist dekorativ. Es vermittelt
jedem das Gefühl, er habe seinen eigenen geschützten Platz in der Ge-
meinschaft. Das Set ist also eine Art Schonraum während der Mahlzeit.
Der Trick mit den Sets soll Sie auch an andere schon oder noch nicht
existierende Schonräume in Ihrem Leben erinnern.

Das Leben geht weiter ... ein Antidepressionsbild

Malen Sie mit Gouache (deckende Wasserfarbe) ein Bild Grau in Grau:
Wolken über einer Stadt oder auch eine abstrakte Komposition. Wenn
der graue Grund trocken ist, mischen Sie (ev. mit einer Zugabe Weiss)
eine orange Farbe, die Ihnen gefällt. Jetzt malen Sie eine grosse Sonne

mitten in das graue Bild. Zuletzt fügen Sie (auf das trockene Blatt!) mit wenigen Pinselstrichen einen schwarzen Vordergrund hinzu. Dies kann eine Baumsilhouette, ein Rasenstück, ein Vogel, ein Mensch, eine Laterne, einen Strassenzug, einen Bootssteg, eine Hand usw. sein. Dieser zeichenhafte Vordergrund – er darf ruhig romantisch wirken- bringt Sie selber als Person auf symbolische Art ins Bild.

Gehen als Antischocktherapie

Wenn Sie erstarrt sind vor Schreck, Wut, Angst, Trauer usw. »drehen Sie eine Runde«, gehen Sie einfach ein Stück!

Gehen als Therapie kennt man aus östlichen Meditationen. Es handelt sich dabei um »bewusstes« Gehen«. Ich denke aber, dass jedermann dieses prozessorientierte Gehen instinktiv anwendet, wenn er sich geschockt fühlt. In unserer mobilisierten Welt wird dieser Bewegungsinstinkt leider oft unterdrückt. Er besteht aber trotzdem noch, Sie müssen ihn nur wieder hervorholen!

Der therapeutische Effekt von Orange, den richtigen, d.h. den natürlichen Ablauf wieder herzustellen, wurde ja bereits vorgestellt (cf. S.69). Gehen ist eine der besten Illustrationen für die Wirkungsweise der orangen Bindungs- d.h. Antischockfunktion. Sie sind nachher (oder bereits während dem Gehen) wieder fähiger, zielgerichtet zu fühlen, zu denken und zu handeln!

BLAU: RAUM DER WAHRHEIT

Unbegreifliches Blau

Im 19. Jahrhundert begann William Gladstones Behauptung von der Farbenblindheit, genauer gesagt, von der Blaublindheit der Griechen herumzugeistern.[85] Zwar wurde seine Hypothese widerlegt, sie zeigte aber ein ganz anderes Problem auf, nämlich die kulturell späte Entwicklung *abstrakter Blaubegriffe*. Grundsätzlich »schwierig« sind diese Blauwörter, weil sie einmal mehr ins Dunkle, dann wieder ins Helle tendieren. Zum Beispiel steht dem oft finster (bis schwarz) interpretierten griechischen *cyanos* das »hellere« *Blau* gegenüber, das als germanisches Lehnwort ins Italienische und Französische kam. *Blau* stammt von einem indogermanischen Glanzwortstamm ab: **bhel*: weiss, rötlich, bläulich. Mit *bheleg* (glänzen) verwandt sind heute noch *blank, blass, blond, blitzen, Blei, Blech* usw. Aber bereits die Wortverwandtschaft von englisch *blue* und *black* berührt bereits wieder die dunkle Seite der Blauvorstellung!

Dazu müssen wir uns die Frage stellen, wo wir in unserer Umwelt mit Blau konfrontiert werden. Wirklich blaue Steine, Beeren und Früchte sind selten anzutreffen, blaue Blumen schon häufiger. Blau schillernde Vogelfedern und Schmetterlingsflügel wiederum sind physikalisch, d.h. aus strukturellen Eigenschaften erklärbar. Unser ursprünglichstes Erleben von Blau ist jedoch eindeutig das Blau des *Himmels*. Und wenn Farbwörter im archaischen Denken meist Eigenschaften von Dingen waren, so entspricht die ungeheure Spannweite des Blaubegriffs also dem »Ding« Himmel

---

85   Vgl. John Gage: Kulturgeschichte der Farbe von der Antike bis zur Gegenwart, Ravensburg 1994, S. 11 und 273

mit seinem wechselnden Erscheinungsbild. Hier muss man sehr wahrscheinlich bei der Schwierigkeit mit dem abstrakten Blaubegriff ansetzen.

Der Himmel ist tatsächlich ein wechselhaftes Ding, seine ominöse Natur ist die der Verwandlung: Nebel, Azurblau, Wolken, Regen und Schnee, Blitz und Donner, Dämmerung und Mondlicht, zarte und starke Farbtöne wechseln sich ab. Für die alten Völker war der Himmel nicht nur der Wettermacher, sondern auch Anzeiger und Überbringer göttlicher Botschaften. Unverwüstlich ist zudem bis heute die Vorstellung vom »Himmel oben« als Aufenthaltsort von Gott und Verstorbenen. Das Blau des Himmels steht somit symbolisch für die *jenseitige Dimension*.[86]

Wie verwirrend vielfältig sich der Blaubegriff gestalten kann, beobachten wir am besten einmal praktisch und zwar am Sprachklassiker *Latein*. Hier sind die Vorstellungen von Blau meist noch konkret mit spezifischen Dingen und Situationen verbunden: *ferreus* mit Eisen, *lividus* mit einem kränkliche Teint und *glaucus* sowohl mit den Augen als auch mit dem Meer. *Venetus* ist eine ultramarine Kennfarbe im Zirkus, während sich das lichtblaue *aerius* auf Stoffe bezieht, ganz im Sinne der heutigen Modefarben. Zum südlichen saphirblauen Himmel gehören die Adjektive *caeruleus* und *cyanos*. Hier erweitert sich wie erwartet das Bedeutungsfeld: Auch dunkle Wolken, der Nachthimmel, eine »bläuliche« Sonne als Regenankündigung und der Regen selber werden so bezeichnet. Vor allem ist das nominalisierte *caerulea*, in Verbindung mit der Spiegelung der Himmelsfarbe im Wasser, ein Wort für Meer.[87]

---

86 Als »göttliche Jenseitsfarbe« konnte Blau zum Symbol sowohl von Sehnsucht als auch von Treue werden, denken wir an die *blaue Blume der Romantik* und an den alten englischen Hochzeitsspruch *something old and something new, something borrowed, something blue ...*

87 Vgl. J.André: Etudes sur les thèrmes de couleur dans la langue latine, Librairie C. Klincksieck, Paris 1949, S. 162ff.

Der Blauschlamassel ist auch im Italienischen noch einigermassen vorhanden. Hier kämpfen das eher literarische *azzurro* (von arab. **lazurd*) und das mündliche *blu* (von fränk-germ. **blao*) um ihre Wichtigkeit. Daneben existieren die lateinischen Überbleibsel *celeste, ceruleo, turquino, turchese, oltremare, aquamarino* und *indaco*.

Der *Kulturschritt*, den der abstrakte Blaubegriff anzeigt, hat auch einen *physikalisch- physiologischen* Hintergrund (wenn auch einen ganz anderen, als ihn Gladstone vermutete). Das heisst, dass unsere Blauwahrnehmung tatsächlich in mehrfacher Hinsicht speziell ist. Erstens haben wir im Vergleich zu den Rotrezeptoren nur einen Bruchteil Blaurezeptoren und zwar in der Peripherie der Netzhaut. Zweitens wird ein Teil des kurzwelligen Lichtes von der Linse gar nicht durchgelassen. Drittens verschiebt sich unsere Wahrnehmung in der Dämmerung Richtung Blautöne. Bei schwindendem Licht erscheint uns Rot also bereits als Braun, während wir aber noch eindeutig Blau wahrnehmen können. Daher die Begriffe *blaue Dämmerung* und *blaue Stunde*! Die Interpretation von Blau als dunkler Farbe liesse sich jedenfalls sehr gut aus der Dämmerungsaktivität der Blaurezeptoren erklären. Zuletzt dürfen wir nicht vergessen, dass sich das exquisite Blau als *Kulturträger* auch aus der mühsamen Herstellung blauer Farbstoffe erklärt. Die kostbare Malfarbe aus *Lapislazuli* musste mechanisch in mehreren Gängen zubereitet werden während die Herstellung von *ägyptisch Blau* (einer Glasfritte aus mehreren Komponenten) eindeutig chemische Kenntnisse erforderte. Auch die pflanzliche Aufbereitung von Blau aus *Waid* oder *Indigo* stellte ein eigenes Färberhandwerk dar!

Urfarbe des Raums

Der Himmel ist blau, das Wetter ist schön, Herr Lehrer wir wollen spazieren gehen ... diesen Spruch aus den Erzählungen meiner Grosseltern kann man nicht nur auf eine Schönwetterperiode, sondern auch auf den Freiheitsgrad (bzw. auf den »Unfreiheitsgrad«) der mitteleuropäischen Schulen um 1900 beziehen. Tatsächlich steckt die Farbe Blau den ganzen Spielraum ab zwischen *eingebunden sein* und *frei sein*. Ich sage bewusst nicht nur *binden* sondern *einbinden*, denn alle Farbtöne rund um Cyanblau[88] vermitteln das Gefühl von einem umfassenden Ganzen. Blau *zieht nicht nur mit sich nach*, wie Goethe bemerkt,[89] Blau *vernetzt* auch alles.

Betrachten wir das Schema der Farbfunktionen, dann fällt dessen klare Symmetrie auf. In der Mitte befindet sich *Grün als Achse*, die alle gegenüber liegenden Funktionen zu komplementären Paaren ergänzt. Wir sahen dies bereits bei Rot und Violett. Auch Gelb und Blau sind daher Gegenspieler: Wenn Gelb die System bildende Funktion der *Organisation* darstellt, dann ist die logische Gegenfunktion bei Blau die *Einordnung* in ein gegebenes System.

Und gleich weiter können wir feststellen, dass Blau (gegenüber Gelb als Zeitfarbe) logischerweise den *Raum* symbolisiert. Diesen Raum müssen wir uns nicht einförmig, sondern *strukturiert* vorstellen. Es ist ja der *Einordnungsprozess* selber, der diese spezielle Raumordnung herstellt. Wir können sogar für diese Ordnung bzw. Einordnung im positiven Sinn das Schulbild aufnehmen und von einer »kosmischen Klassensitzordnung« sprechen. Eine Ordnung ist dabei für jede Art von Raum nachzuweisen, vom indi-

---

88 Mit »rund um Cyanblau« meine ich das ganze Blauspektrum von Lichtblau bis Ultramarin. Cyanblau, das Blau des Schönwetterhimmels, ist auch bekannt als eine der drei Druckerfarben.
89 Sinnlich-sittliche Wirkung der Farbe, Punkt 781

viduell- psychischen oder gesellschaftlichen bis zum physikalisch/ chemischen Raum, denn die Einordnungsfunktion ist, wie alle andern Funktionen, *universell.*

Zur physikalischen Ebene des Raumes gehört die berühmte Frage, *warum der Himmelsraum blau erscheint* (und damit Blau als planetarisches Raumsymbol überhaupt ermöglicht). Die Erklärung ist relativ einfach: Das Licht der Sonne wird durch die Moleküle in der Atmosphäre so gebrochen, dass das kurzwellige Licht stärker gestreut wird (sog. *Raleigh-Streuung*).

Goethe, der hinter allen Erscheinungen Urformen suchte, definierte Blau als *Urfarbe.* Tatsächlich könnte man das in zweierlei Hinsicht so sehen. Einerseits ist Blau, wie erwähnt, an eine der Grundbedingungen des Lebens gebunden, nämlich an die Atmosphäre. Andererseits, und dies konnte Goethe noch nicht wissen, ist die Blauwahrnehmung genetisch tatsächlich älter ist als diejenige von Rot und Grün,[90] was im Nachhinein ein interessantes Licht auf die Problematik mit den »schwierigen« Blauwörtern wirft!

Naturphilosophisch wurde Blau schon mit verschiedenen Elementen verbunden, mit Wasser, Luft und Aether. Heute könnte man Blau prinzipiell als Sinnbild für die *planetaren Ressourcen* sehen. Dazu gehört, dass Blau zusammen mit Grün von alters her dem Mond zugeordnet wird. *Mond-Gezeiten-Wachstum-* das alte Wissen um diese Einheit wurde zum Beispiel von den Bauern nie vergessen. Im Christentum finden sich noch Spuren der alten Glaubenszusammenhänge von Mond und Fruchtbarkeitskulten im *blauen Gewand* der Maria, wobei ja das Gewand selber ein Symbol für den Raum ist. – In der chinesischen Medizin wird Blau den Nieren

---

90 Das Blaugen befindet sich auf dem 7.Chromosom und nicht wie die später entwickelten Gene von Rot und Grün auf dem Geschlechtschromosom. Vgl. Anm. 27

zugeordnet, welche den *Schatzmeister* des Körpers darstellen. Hier spielt wieder der Zusammenhang zwischen Blau und Ressourcen hinein.

Auch *Gedanken und Gefühle* bilden Räume. Ausgehend von der Zuteilung zu verschiedenen Elementen ist die farbenpsychologische Unsicherheit gut zu verstehen, ob Blau nun eher eine *luftige Gedankenfarbe* oder eine *wässrige Gefühlsfarbe* sei. Ich behaupte, dass Blau beides darstellt, denn tatsächlich ist nichts enger verknüpft als Gedanken und Gefühle! (Allerdings gehören zur Gedanken- und Gefühlswelt, das ist hoffentlich im Lauf der Regenbogenlogik klar geworden, auch all die andern Funktionen. Wir erinnern uns zum Beispiel an den Satzcharakter von Orange und an die Interpretationen bei Rot).[91]

Erstaunlich ist aber doch, dass gerade Blau farbenpsychologisch so häufig als Symbol für Gedanken und Gefühle herhalten muss. Die Regenbogenlogik erklärt dies durch die Funktion des *Einordnens* von erlebten Gedanken- und Gefühlsinhalten. Diese werden verstaut und somit »in Sicherheit gebracht« im Reich der gesammelten Erfahrungen. Die richtige Einordnung von Gedanken und Gefühlen ist uns so wichtig, dass wir dauernd irgendwie damit beschäftigt sind. Um nochmals zum Schulbild zurückzukehren: Es ist, wie wenn die Sitzordnung zuerst geheim und erst nach und nach offiziell wäre. Mary Weddell nennt diesen Vorgang im Blaubereich *Training des Ego.*[92]

Lebendig zu sein, heisst also ununterbrochen Erfahrungen zu sammeln und einzuordnen. Was als Erfahrung zuerst klein erscheinen mag, kann sich doch als gross herausstellen oder umgekehrt, denn das Wesen[93] einer Erfahrung erkennen wir erst bei

---

91   Vgl. S. 8ff und 72
92   Schöpferkraft der Farbe, S. 74
93   »Wesen«= die magenta Funktion der *Qualität*

ihrer Einordnung. Darum stellt die Farbe Blau auch psychisch und geistig unsere Ressourcen dar.

Interaktion zwischen Blau und Gelb

Die Füsse im Wasser, der Kopf im Feuer, so wird die Palme bei den Wüstenvölkern beschrieben. In Farben gesprochen: Wasser und Feuer (bzw. Licht), Blau und Gelb sind die Grundlagen des Wachstums. In den Begriffen der Regenbogenlogik heisst das, dass sich Wachstum zwischen den Funktionen der *Organisation* und der *Einordnung* abspielt. Ununterbrochen werden Systeme entwickelt (Gelb) und wird eingeordnet (Blau). Alles, was geschieht im Raum (Blau), hat seine Zeit (Gelb), und alles, was in Erscheinung tritt (Gelb), tut dies an einem bestimmten Ort (Blau). Zusammen bilden Gelb und Blau den geheimnisvollen grünen *Zeitraum des Wachstums.*

Das Farbpaar Gelb-Blau wirkt aber nicht nur zwischen Zeit und Raum, sondern auch im psychologischen bzw. tiefenpsychologischen »Wachstumszeitraum«, in der Hell-Dunkel-Polarität von *Tagesbewusstsein* (Gelb) und *Traumbewusstsein* (Blau).

In russischen Märchen sagt oft an der entscheidenden Stelle der Geschichte eine Helferfigur folgenden Satz: *Der Morgen ist klüger als der Abend.* Was ist damit gemeint? Schon Kandinsky beobachtete, dass Gelb *exzentrisch,* Blau dagegen *konzentrisch* wirkt.[94] Gelb, die exzentrische *Tagesfarbe* unserer Erfahrungswerte, muss durch Blau, die konzentrische *Nachtfarbe,* ergänzt werden. Dieser Gelb-Blau-Rhythmus geschieht ganz von selbst in unserem Leben. Nach den Tageseindrücken schliessen wir die Augen und begeben uns in eine Art Blau-Raum. Der Raum von Schlaf und Traum ist der Ort, an welchem wir verarbeiten, unerwartete Einsichten gewinnen und so *den Morgen klüger als den Abend machen.* Ich sage bewusst *Ort* und nicht Zeit, denn die Traumzeit gehorcht andern

---

94 Über das Geistige in der Kunst, S. 97

Regeln als die physikalische Tageszeit. Sie ist nicht linear, sondern entspricht eben dem Prozess der *Einordnung*.

Es gibt noch eine andere Redewendung zum Gegensatz von Tagesbewusstsein und Nachtbewusstsein: *Der Mensch denkt, Gott lenkt.* Auch hier wird die Einbettung in einen grösseren Zusammenhang angesprochen. Es ist immer so, dass das seelische Erleben eine Nachbearbeitung braucht, »verdaut« werden muss. Alles wird in der Dimension von Blau also noch einmal an einer Art *Urordnung* gemessen. Die jüdische Religion hat dafür den Ausdruck *Thekelet* [95] gewählt. In ihrem Glauben ist es das Blau des Meeres, das an das Blau des Himmels erinnert und dies wiederum an den saphirblauen göttlichen Thron. Der blaue Faden in den Fransen der jüdischen Gebetsmäntel, sowie der leuchtend blaue sechszackige Stern in der Fahne von Israel repräsentieren beide diese Verbindung zum göttlichen Gesetz.

Blau und Gelb ergänzen sich aber nicht nur, sie *überwinden* sich sogar gegenseitig. Wenn Gelb die Farbe der Zeit ist, dann ist Blau die Farbe der Ewigkeit. Man kann auch den Gegentest machen. Blau, der Farbe des Raumes, steht das in seinem ganzen Wesen den Raum leugnende, d.h. den Raum überwindende lichtvolle Gelb gegenüber. Noch einfacher gesagt: *Blau ist die Farbe des Immer, Gelb des Überall!*

---

95 Gershom Scholem: Farben und Symbolik in der jüdischen Überlieferung und Mystik, Eranos Jahrbuch 1972, S. 8f.

Wahrheit und Heilung

Raum ist grundsätzlich mit Orientierung verbunden. Ist der Raum unübersehbar, so ist die Orientierung verwirrt oder ausgeschaltet. Ein absolutes Raumerlebnis kann Verlorenheit und Angst auslösen. Es kann sich aber auch, ähnlich dem pränatalen Zustand, ein »ozeanisches« Gefühl des Urvertrauens einstellen. Wir kommen nicht um die Erkenntnis herum, dass das Wesen des Raumes eng mit unserem eigenen menschlichen Wesen verknüpft ist. Der Raum lotet quasi unser Menschsein aus!

Goethe nannte Blau einmal ein *reizendes Nichts*.[96] Dem steht der *unendlich* scheinende Himmelsraum gegenüber, in dem *wir* beinahe zum Nichts werden. Blau konfrontiert uns also mit dem Nichts und dem Alles! Die schwebende Raumthematik zwischen dem »unendlich Kleinen und dem unendlich Grossen«, wie es der Philosoph Blaise Pascal einmal formulierte, ist eines der grundsätzlichen Themen unserer westlichen Kultur. Im 17. Jahrhundert wurde diese faszinierende Verunsicherung dann mathematisch formuliert: Leibniz und Newton entwickelten parallel zueinander die Infinitesimalrechnung mit dem Limesbegriff. Zwischen dem mittelalterlichen Blau der Glasfenster von Cluny und dem Marineblau der Arbeiterkluft im industriellen Zeitalter liegt also die Zeit *des mathematischen Blaufokus, in der die Zahl zunehmend den Raum eroberte und transparent machte.* Und genau hier liegt das zentrale Problem, dass mit einer einseitig »roten« Thematik (Repetition/ Zahl) das Phänomen Raum »domestiziert« werden soll, mit unklarem Ausgang übrigens bis heute ...

Um noch mehr über das wahre Wesen des blauen Raumes herauszufinden, müssen wir uns von der Mathematik abwenden

---

96   Sinnlich-sittliche Wirkung der Farbe, Punkt 779

und wieder einmal die buddhistische Farbenwelt konsultieren. Im tibetanischen Totenbuch erscheint die Farbe Blau als Erste nach dem Aufwachen aus der Bewusstlosigkeit. Dieser Zustand der *vollkommenen Offenheit* wird durch den Buddha *Vairocana* versinnbildlicht, der zwar selber weiss ist, sich aber in einem tiefblauen Raum befindet. Ich zitiere einen Kommentar von Chögyam Trungpa Rinpoche:

Dann geht dir dieses gleissende Licht auf, welches eine Verbindung zwischen Körper und Intelligenz darstellt. Obwohl man in den Zustand des Glanzes versunken ist, arbeitet da doch eine Intelligenz, scharf und präzise, die etwas Blendendes hat. So werden der psychophysische Körper und auch die Intelligenz, das intellektuelle Bewusstsein, in Raum umgewandelt.

In diesem Fall ist die Farbe des Raumes blau und die Vision, die erscheint, ist Vairocana. Vairocana ist beschrieben als der Buddha, der kein Hinten und kein Vorne hat, er ist der totale Rundblick, alldurchdringend, mit keiner zentralisierenden Eigenschaft. Deshalb wird Vairocana oft personifiziert als eine meditierende Gestalt mit vier Gesichtern dargestellt, die alle Richtungen gleichzeitig überschaut. ... Vairocana hält ein Rad mit acht Speichen, welches die Transzendierung der Vorstellung von Richtung und Zeit darstellt. Der gesamte Symbolismus des Vairocana ist die dezentralisierte Vorstellung des totalen Rundblicks, sowohl Zentrum als auch Rad sind überall. Er ist die vollkommene Offenheit der Bewusstheit ... Die Tiefe der Bläue ist erschreckend, denn es gibt da kein Zentrum, an dem man sich festhalten könnte ... [97]

---

97   Das Totenbuch der Tibeter, S. 38f. Dass Blau ausgerechnet *als erste Farbe* nach dem Erwachen im Jenseits erscheint, werte ich als Kompensationshaltung des Buddhismus selber. Die warme Farbpalette der Mönchskleidung sowie die neueren Enthüllungen über Sein und Schein der buddhistischen Ziele und Lebensführung sind Indizien dafür, dass auch hier viele »rote« und »gelbe« Problematiken enthalten sind!

Zweierlei fällt auf: Erstens das Erleben von Blau als Dunkelheit: *die Tiefe der Bläue ist erschreckend*. Diese Vorstellung treffen wir weltweit immer wieder an. Es ist die Nachterfahrung von Blau, wie das *Tuatblau* der ägyptischen Unterwelt. Zweitens wird ein *Rundblick ohne Zentrum* beschrieben, was dem Gefühl eines Schwimmers im Meer entspricht oder eines Gleitfliegers am Himmel. Dieser Panoramablick im blauen Raum ist nicht mehr mit einer Ausrichtung verbunden und daher notgedrungen aggressionsfrei. Das Ego ist geschrumpft und hat sich infolge dessen total geöffnet. Es muss loslassen und sich in einen Raum einordnen, was bekannterweise Ängste hervorrufen kann. In der Tat handelt es sich bei diesem blauen Raumerlebnis um nichts anderes als um einen *Bewusstwerdungsprozess*!

Lüscher beschreibt den blauen Zustand ganz einfach mit *Ruhe*.[98] Ansatzweise finden wir im Alltag denn auch einen »Vairocana-Zustand« bei allem, was wir aus unserer gelösten Offenheit heraus tun, mit andern Worten, was wir *bewusst* tun. Nur dann bewegen wir uns ruhig und ohne Stress. Diese Ruhe ist noch mit einer andern Erfahrung verbunden, mit der *Gleich-Gültigkeit*. Der »blaue« Zustand des Aufgehobenseins macht spürbar, dass jeder Ort zwar spezifisch aber trotzdem gleichwertig ist! (*Sowohl Zentrum als auch Rad sind überall*). Sich in einen solchen Zusammenhang einzuordnen, bringt ein Gefühl der Ruhe mit sich.

Vergessen wir nicht, dass das Einordnen in das Blau des Raumes auch ein *energetischer Prozess* ist. Ich erinnere in diesem Zusammenhang nochmals an Kandinsky, der die *konzentrische Kraft* von Blau beobachtete. Weil Blau zur Einordnung führt, ist es auch ein starker *geistiger Helfer*.[99] In vielen Visualisationen wird deshalb

---

98   Der Lüscher-Test, S. 22
99   Aus der vielen Therapieliteratur sei hier herausgepickt: D. van Straten:
      Die geheimnisvollen Kräfte der Farben – offenbart, Windpferd, Aitrang

gerne die Vorstellung von schützendem blauem Licht eingesetzt. Auch das Phänomen der Depression, im Englischen passender weise *Blues* genannt, hat mit psychischem Selbstschutz zu tun. Diese »Krankheit« hat keine andere Aufgabe, als mit *konzentrischer Kraft* einen notwendigen Einordnungsprozess auszulösen!

Es gibt noch eine weitere, wichtige Erfahrung, in welcher das Blau des Raumes entweder erlösend oder beängstigend wirkt. Es handelt sich um den Unterschied zwischen *Wahrheit und Lüge*. Wir erinnern uns an Redensarten wie *das Blaue vom Himmel lügen, ein blaues Wunder erleben* oder an die *blaue Ente* als Falschmeldung. Spirituell gesehen handelt es sich beim Einordnungsprozess also um Wahrheitsfindung. Ein *totaler Rundblick* verschafft Klarheit über das, was wahr, was »in Ordnung ist«.

Den *körperlichen Fokus* in Bezug auf Wahrhaftigkeit finden wir im *Halschakra*. Dieses Chakra vertritt sowohl den aktiven als auch den passiven Aspekt von Kommunikation, das heisst, wir können Wahrheit oder Lüge empfangen oder senden. Das Halschakra ist in jedem Fall der Ort, an dem man sich um Wahrheit *bemüht*.

Dazu gibt es eine hinduistische Legende:[100]
Götter und Dämonen rühren im Weltmeer, um das Unsterblichkeitselixier zu erhalten. Sie kämpfen miteinander, und aus dem Hass der Kämpfenden entsteht das unglaublich giftige Ungeheuer *Kalakuta*. Als Retter in der Not tritt *Shiva* auf, der das Ungeheuer verschluckt und daher der Blauhalsige, *nilakantha*, genannt wird.
Was sagt uns diese Legende farbentheoretisch? Das Streben nach Unsterblichkeit und der daraus resultierende Kampf zwischen den beiden Parteien ist eindeutig ein Ausdruck von impul-

2001, S. 133f.
100   Boris Potschka, Peter Pannke: Indien – Fest der Farbe, Frederking&Thaler, München 2000, S. 167

siven Rotkräften. Die Zeit (Gelb) wird aber niemals im Laufe eines Kampfes zur Unsterblichkeit! Der ungeheure Anspruch[101] wird den Kämpfenden zum Verhängnis und kann nur durch die Gegenfunktion von Gelb, durch das Blau der Ewigkeit erfüllt werden. Shiva *triggert* die rettende »blaue« Funktion der *Einordnung, das heisst eine wahre Ordnung, die sich selber immer wieder herstellt*!

In der Legende wohnt Shiva im Himalaya. Das entspricht bildlich-symbolisch der Lage des Halschakras *über* den Chakren- und Farbbereichen von Rot bis Grün, die unser Überleben gewährleisten. Dieses *über* bedeutet aber nicht eine geistige Höherstellung, sondern eine Andersartigkeit der Funktion. Das hellere Blau des Halschakras und der Indigobereich des dritten Auges (cf. nächstes Kapitel) kennzeichnen einen Ort der Orientierung aber auch der Mitteilung der gewonnenen Einsichten. Blau hat also eindeutig mit dem inhaltlichen *Richtig-Stellen* zu tun. So wie der Mensch physisch ein *aufgerichtetes* Wesen ist, bemüht er sich auch geistig um *Aufrichtigkeit*.

Wir müssen uns zuletzt noch den Aspekt des *Giftes* in der Legende ansehen. Gift bedeutet, dass sich etwas an einem *falschen Ort* befindet. Nehmen wir nochmals das Bild vom Klassenzimmer: Wenn die Schüler am falschen Platz sitzen bzw. sich ihre Plätze streitig machen, dann entstehen Unordnung und Kampf. Die blaue Raumthematik repräsentiert also das Wissen »vom richtigen Ort«. Shiva aus der Legende ist die Instanz im Menschen, die dieses Wissen erkennt und auch vertritt.

Bildlich wird Shiva oft als göttlicher Tänzer dargestellt. Die Trommel in seiner Hand zeigt, dass er der Herr über den Ton ist und damit auch über Kunst und Wissenschaft. Damit ist Shiva,

---

101   ... wir haben diesen Anspruch in einer »modernen« Variante bereits bei Michael Endes *Momo* kennen gelernt ... .

der Überbringer der »blauen« Wahrheit und Ordnung, ähnlich wie Prometheus ein Kulturbringer, oder sagen wir eher ein Bewusstseinsspezialist!

Blau im Überblick

Die Farbe Blau bedeutet:

EINORDNUNG

RAUM

EWIGKEIT

WAHRHEIT

RESSOURCEN

GEDANKEN UND GEFÜHLE

DAS GESAMMELTE WISSEN

BEWUSSTSEIN

REGENBOGENLOGIK

Magenta:
Q
U
A
L
I
T
Ä
T

Rot:	Orange:	Gelb:	Grün:	Blau:	Indigo:	Violett:
R	B	O		E		S
E	I	R		I		E
P	N	G		N		L
E	D	A		O		E
T	U	N		R		K
I	N	I		D		T
T	G	S		N		I
I		A		U		O
O		T		N		N
N		I		G		
		O				
		N				

INDIGO: DIE FARBE DER WAHRNEHMUNG

Die Gegenfunktion von Orange

Shiva besitzt auf seiner Stirne ein drittes Auge, das Auge der Weisheit (*Jnana chakshu*). Dies ist das Energiezentrum, das mit der Farbe Indigo, mit Dunkel-blau verbunden wird. Ein Blick auf das Regenbogenspektrum zeigt, dass Indigo ein eigenständiger Farbbereich ist und ganz anders wirkt als das taghelle Cyanblau.

Indigo als Farbstoff hat eine lange Geschichte hinter sich. Neben Reseda (Gelb) und Krapp (Rot) war es vor dem chemischen Ersatz[102] ein wichtiges *pflanzliches Färbepigment*, und dies nicht nur in Indien, wie man vom Namen her vermuten könnte. Die Herstellung von Indigoblau ist ein mühsames Prozedere, denn der blaue Farbstoff kann nicht direkt aus der Indigopflanze, *Isatis tinctoria*, gewonnen werden. Nach einem geruchsintensiven Vergärungsprozess der Pflanzen-blätter müssen die Indigorohblöcke in einen wasserlöslichen Zustand überführt werden. Hier verschwindet das Blau vorübergehend bei der Verküpung mit Natriumdithionit und Natronlauge und wird zu Indigoweiss. Erst durch Oxidation im Sonnenlicht erscheint Indigo erneut auf dem Stoff.[103]
Wie bei der Purpurfärbung wurden auch bei Indigo weltweit immer die besonders dunklen und intensiven Farbvarianten geschätzt. So färbt die chinesische Bäuerin aus Guizhou ihre ver-

---

102 Adolf Baeyer stellte 1868 erstmals Indigo her und entdeckte später auch die Strukturformel. Industriell konnte Indigo aber erst Ende des 19. Jahrhunderts produziert werden.
103 In ihrem Buch »Indigo« (Archetype, London 2006) hat Jenny Balfour-Paul die weltweite Nutzung von Indigo ausführlich illustriert.

blassten Stoffe nach, damit der Indigo dunkel bleibt. Die Tuareg (die »blauen Menschen«) tragen dunkle Schleierkleider. Dunkelblau und mit Goldfäden durchwirkt sind kultisch besonders wertvolle Stoffe aus Malaysia.[104] Daneben gibt es noch die eigentliche *Indigomedizin* als Schutzfärbung der Haut oder zum Einnehmen. Ein langes historisches »Indigo-Band« verbindet so den britannischen Krieger zu Cäsars Zeiten mit der jemenitischen Beduinenfrau von heute!

Indigo wird neben vielerlei medizinischen auch eine besondere *geistige Schutzwirkung* zugesprochen. Und dies bringt uns zur *indigo Farbfunktion*. Wie schon bei Rot/Violett und Blau/Gelb kann man auch Indigo als Teil eines Farbenpaares, nämlich als *Gegenspieler der orangen Bindungsfunktion* definieren. Wörtlich genommen müsste diese Gegenfunktion »Trennung« bedeuten, doch damit wird die Ebene des Bewusstseins zu wenig einbezogen. Bei der Funktion von Indigo handelt es sich also eher um ein *Distanzphänomen* zwischen einem Ich und einem Du, bzw. zwischen einem Subjekt und einem Objekt. Was durch diese Distanzsetzung dann geschehen kann, ist ganz einfach die Funktion der *Wahrnehmung*.

Zurück zum Farbenpaar Orange-Indigo: Die Bedeutung einer *Beziehung* kann also immer sowohl von der Bindungsfunktion (Orange) als auch von der Wahrnehmungsfunktion (Indigo) her beurteilt werden. Orange vertritt dabei die konstruktive und bewegende, Indigo die reflexive und stabilisierende Seite. Dieses Wissen um die Beziehungsthematik ist auch tief in der Indigofärberei verankert. So ist zum Beispiel in Afrika das Indigo des »sich Erkennens« die Farbe der Liebe.

---

104 ebda. eindrückliche Illustrationen S.88/106/135/182. Eine dunkle Färbung bedeutet naturmagisch eine Potenzierung der dahinter stehenden Pflanzenkräfte.

Indigokinder als Spiegel unseres Wahrnehmungsdefizits

Die Farbe des Tageslichtes ist im dritten Auge zur Farbe des nächtlichen Himmels geworden. Mit dem dritten Auge, heisst es, wird das Unsichtbare sichtbar. Indigo ist daher die Farbe der *Hellsichtigen und der Magier*. Ein wichtiges Attribut des Zauberers, sein Mantel, ist oft von einem dunklen mit Sternen übersäten Blau. Die Prototypen dieses »Sternenmantels« sind die blauen Mäntel von Maria, Marduk, Mithras und Isis.

Die blaue Nachtfarbe ist die Farbe der erkennenden Ein-Sicht, aber auch der Trauer, denn Erkenntnisse und die dazu nötige Distanz können manchmal richtig weh tun. Dies sind genau die Probleme, mit denen sich die von der New Age Szene so genannten *Indigokinder* auseinanderzusetzen haben. Die Rede ist meist von »weiterentwickelte Seelen«, die helfen sollen, unseren Planeten auf eine höhere Schwingung zu bringen. Es ist aber eher so, dass unsere Konsumgesellschaft auch den spirituellen Bereich ergriffen hat! Verwöhnt und neugierig lechzen wir nach mehr und neuen paranormalen Fähigkeiten, was die Frage aufwirft, ob dieser Zustrom an »indigo Seelen« nicht eher ein Produkt unserer Wünsche sei. Und was bietet sich als Projektionsfläche eigener Bedürfnisse und Wünsche besser an, als die kommende Generation, d.h. unsere Kinder? In Wirklichkeit gab es auf unserem Planeten schon immer viele Seelen mit speziellen Fähigkeiten oder anders gesagt: Wunder geschehen seit Beginn der Menschheit, sie wurden nur noch nie so kommunikativ und kommerziell ausgeschlachtet! Die Erfindung des Indigokindes, des »kleinen Prinzen«, dem man den Zaubermantel von Harry Potter umgeworfen hat, steht als *Projektion* unserer eigenen Wünsche also für den *Schattenbereich der Wahrnehmungsfunktion*.

Die Realität unserer scheinbar hoch entwickelten und mental durchtrainierten Gesellschaft sieht nämlich etwas dürftiger aus: Seit einigen Jahrzehnten haben viele Kinder ein *Defizit* im Indigo-Bereich. Physisch sind Faktoren wie Umweltbelastungen, Elektrosmog, (pränatale) Amalgamvergiftungen, langfristige Drogenwirkungen und immer schlechter werdende Lebensmittel daran beteiligt. Psychisch geht es um die schwindenden »indigo« Fähigkeiten der *Wahrnehmung* und der *Distanzwahrung* und in der Folge auch um das fehlende *Mitgefühl*. Wir sehen, wie sich hier »rote« und »indigo« Defizite in die Hand spielen!

Spirituell hochgejubelt, werden die sogenannten Indigokinder auf der medizinischen Seite »zweckpessimistisch« mit der Etikette ADHS (Aufmerksamkeitsdefizit/Hyperaktivitätsstörung) versehen. Damit wird das Problem der gestörten Wahrnehmung direkt angesprochen. Es wird festgestellt, dass es sich hier um eine *Störung* und nicht um eine Höherentwicklung der Wahrnehmungsfähigkeit handelt. Diese Sicht muss ich zu einem gewissen Grad bestätigen. Gerade die schwindende Empathie der »Indigogenerationen« ist ja der beste Beweis dafür, dass unsere Gesellschaft spirituell eher am Kämpfen ist. Die Wahrnehmung ist (auch in Esoterikerkreisen) meiner Meinung nach eher fragmentarisch geworden. Um ein klares Wort zu sprechen: es dominiert eher die Wahrnehmung des Geldes als des Respekts.

Befragen wir einmal den Begriff der *Wahrnehmung* selber: *Wahr* ist etymologisch ein untergegangenes Nomen, das ursprünglich »Aufmerksamkeit, Acht, Hut, Aufsicht« bedeutete und in den Verben *verwahrlosen* und *wahren* noch weiterlebt. Die Sprache zeigt uns, was auch ethisch-moralisch gilt: Die verlernten Tugenden der Aufmerksamkeit, Sorgfalt und Nachhaltigkeit gehören alle zu der Funktion von Indigo. Erst wenn die Wahrnehmung zuverlässig ist, so kann das Gefühl für ein *Ich* und ein *Du* entstehen. Genau so kann im blauen Funktionsbereich das Gefühl für ein *Wir* erst gelebt werden, wenn die Einordnung der Wahrnehmungen wirklich erfolgt und damit Verantwortung ermöglicht.

Die *akustische und visuelle Überflutung* als Übermass der Funktionen von Rot und Orange hat dieses Defizit von Indigo und in der Folge auch von Blau produziert. *Wir hören und sehen zu viel, um noch richtig wahrnehmen zu können.* Zappeligkeit, Bewegungsdrang und Stress stören uns im echten Eingehen auf ein Gegenüber. Aus dieser Unruhe können häufig auch keine tragfähigen Beziehungen zu Umwelt und Mitmenschen entstehen. In diesem Zusammenhang ist auch Indigo als Farbe des *Exorzismus* zu sehen. Dies wird heute meist nicht mehr verstanden, denn das »austreibende« Element von Indigo gegenüber allem Dämonisch-Destruktiven ist, wie könnte es anders sein, die Wahrnehmung selber! Die Wahrnehmung ist dabei eng mit dem schützenden Bewusstsein des Einordnens verknüpft. Die Funktionen von Indigo und Blau bilden zusammen den Prozess des *Erkennens und Bewusstwerdens* und vermitteln uns Sicherheit und Schutz. Sie helfen uns auch, die richtigen »geistigen Kanäle« zu wählen (Thema: Violett/Selektion). Deshalb sind alle echten Bemühungen *achtsam zu leben und wahrzunehmen,* zu unterstützen!

Indigo im Überblick

Die Farbe Indigo bedeutet:

WAHRNEHMUNG

ERKENNTNIS

DIE SUBJEKT-OBJEKT-DISTANZ

BEZIEHUNGSFÄHIGKEIT

ACHTSAMKEIT

INNERE RUHE

STABILITÄT

EXORZISMUS

REGENBOGENLOGIK

Magenta:

Q
U
A
L
I
T
Ä
T

Rot:	Orange:	Gelb:	Grün:	Blau:	Indigo:	Violett:
R	B	O		E	W	S
E	I	R		I	A	E
P	N	G		N	H	L
E	D	A		O	R	E
T	U	N		R	N	K
I	N	I		D	E	T
T	G	S		N	H	I
I		A		U	M	O
O		T		N	U	N
N		I		G	N	
		O			G	
		N				

PRAXISTEIL BLAU/ INDIGO

FOKUS BLAU: Sammlung äusserlich und innerlich

In dieser Übung geht es um eine Collage aus lauter Blautönen. Suchen Sie in Zeitungen, Kalendern, Werbebildern usw. blaue Stellen, aus denen Sie Quadrate von vier mal vier Zentimeter schneiden. Dabei überlegen Sie sich jedes Mal einen Namen, den Sie ganz persönlich dieser Farbe geben wollen. Kleben Sie die blauen Quadrate nach Ihrer eigenen Ordnung auf, so dass sich aus 16, 25 usw. Teilen ein neues grosses Quadrat bildet. So kreieren Sie Ihren Blau-Raum! Schreiben Sie dazu Ihre Phantasienamen auf oder zwischen die Quadrate.

Menschen haben immer wieder das Bedürfnis, eigene neue Farbnamen auszudenken. John Gage, der Farbenspezialist unter den Kunsthistorikern, nennt als Beispiel eine Blautonsammlung von Winifred Nicholson. (Die Sprache der Farben, Ravensburg, 1999, S.28). Diese poetisch-präzise Blauskala enthält Farbnamen wie air-force-blue, larkspur, horizon, hyacinth, forget-me-not, midnight, steel ... .

Fazit: Eine solche Collage ist nicht nur ästhetisch, sondern wirkt auch wie eine »blaue Perle gegen den bösen Blick« in Ihrer Wohnung. Sie verbreitet Ruhe und hilft Gedanken und Gefühle zu ordnen.

FOKUS BLAU: Die Bibliothek des Lebens

Es gibt den Begriff der Akasha-Chronik (Sanskrit: Akasha= Raum, Himmel Äther.) Dies ist, ähnlich wie das kollektive Unbewusste, ein Begriff für eine Art Weltgedächtnis. Ich möchte Sie hier ermuntern, als persönliche Chronik eine Bibliothek Ihrer Lieblingsbücher zusammenzustellen. Gestalten Sie aus den Buchtiteln ein Bild oder eine Aufstellung, die Ihnen entspricht. Diese Bücher haben Sie eine bestimmte Wegstrecke in Ihrem Leben begleitet, darum wäre es schön, wenn Sie zu jedem Titel ein oder zwei Stichworte aus Ihrer Erfahrung hinzuschreiben. Versuchen Sie sich dabei kurz zu fassen, die Wirkung ist umso grösser, und lassen Sie Platz offen auf Ihrem Bibliotheksbild für weitere Bücher! <u>Hinweis</u>: *Einsatz als Therapiebegleitung, in Entscheidungssituationen und bei Inspirationshemmungen.*

FOKUS BLAU: eine gedankliche Standortbestimmung

Eine Standortbestimmung ist immer auch Identität stiftend. Jeder Mensch nimmt wie ein Puzzleteil im Lauf der Zeit Platz in verschiedenen Systemen. Denken wir darüber nach: Wo stehe ich wirklich? Wo arbeite ich? Wo esse ich? Wo schlafe ich? Wo lache ich? Wo liebe und hasse ich? Wo spiele ich? Wo erhole ich mich?

Es wird uns bei diesen Fragen bewusst, dass wir rein durch unser Da- Sein, durch unsere Präsenz, immer auch Akteure sind. Wir tragen unsere persönliche Energie immer mit uns herum und verändern so jede Situation, in die wir uns begeben.

Dies ist eine Gedankenübung für dunkle Stunden, denn das Nachdenken über den eigenen Platz zeigt automatisch den Selbstwert an. Es ist beruhigend zu wissen, dass das »Puzzle der Welt« erst vollständig ist, wenn wir auch wir dabei sind!

FOKUS INDIGO: Ein Traumtagebuch

Träume aufzuschreiben ist eine Kunst und hat viel mit Selbsterkenntnis zu tun. Den Kontakt zu Ihrem Unbewussten können Sie herstellen, wenn Sie vor dem Einschlafen ein leeres Buch bereitlegen. Schreiben Sie Ihre Träume immer nach dem gleichen Muster auf. Es empfiehlt sich zudem, die Tageseindrücke vor und nach dem Traum zu notieren. Auch Interpretationsversuche helfen, die Träume bewusster wahrzunehmen. Mit der Zeit werden Sie Ihre eigene Traumlogik und –symbolik kennen lernen.

Schön wäre es, wenn Sie Ihr Traumtagebuch in einen indigo Umschlag, einen »Sternenmantel« hüllen könnten!

BLAU und INDIGO: Das Himmelsorakel

Dies ist ein altes Vorgehen, wie der schamanische Farbspaziergang, den ich bei Rosa/Magenta vorstellte. Auch hier handelt es sich um einen Prozess der Simultaneität. Was sich am Himmel konstelliert, hat weitere Bezüge zur Welt und zur Innenwelt. Diese Verbindungen können Sie entdecken durch die Interpretation dessen, was Sie am Himmel wahrnehmen.

Vom Himmel kann man ablesen: Farbe, Wolken, Witterung allgemein, Vogelflug und Vogelstimmen, Flugzeuge, Objekte wie Ballons oder Drachen usw. All dies kann eine Botschaft überbringen. Vor allem Vögel sind essentieller Bestandteil der Deutung. Es gab zum Beispiel die Orakelform des Auguriums bei den Römern. Die Wurzeln der Tiermitteilungen gehen in die Zeiten zurück, als der Mensch noch, (wie in Märchen überliefert), die Sprache der Tiere verstand. Tiere, speziell Vögel, »sprechen« auf verschiedene Art zum Menschen. Sie können Botschaften von Verstorbenen oder von Naturgeistern, von Bäumen oder auch aus ihrem eigenen Wissen überbringen. Durch Flugrichtung oder Flugformation künden Vögel ebenfalls bestimmte Themen und Probleme an.

Speziell wichtig beim Himmelsorakel sind auch die verschiedenen Farben des Himmels. Beobachten Sie genau, wie bestimmte Farbspiele während der Abenddämmerung, bei Sonnenaufgang, vor einem Unwetter, bei Vollmond usw. zu Ihnen »sprechen«.

FOKUS INDIGO: Märchen

Ein Märchenerzähler ist immer ein wenig ein Magier. In seiner Urform vereinigt er in sich viele Aufgaben. Er ist Bibliothekar, Musiker, Tänzer, Heiler, PR-Manager und Streitschlichter. Die machtvolle Position der Geschichtenerzähler ist kulturübergreifend, in Westafrika sind es zum Beispiel die Griots/Griottes. Auch im Orient spielen Geschichten eine therapeutische Rolle. Das sieht man im Neuen Testament: in unklaren, verfahrenen oder gar gefährlichen Situationen wird oft eine gleichnishafte Geschichte erzählt.

Das Wort übt Macht aus. In eine Geschichte eingebettet hilft es wahrzunehmen und zu erkennen. Darum haben Geschichten eine Indigo-Funktion. Seien Sie also Ihr eigener Märchenerzähler!

Starthilfen:

1. *Wählen Sie drei Tarotkarten zur Inspiration.*
2. *Schlagen Sie ein Wörterbuch auf und nehmen Sie den ersten Begriff, den Sie sehen, als Einstieg.*
3. *Denken Sie an eines Ihrer Lieblingsmärchen und schreiben Sie eine Variante dazu.*
4. *Stellen Sie das Märchen zuerst theatralisch dar zum Beispiel mit Gegenständen aus der Küche.*
5. *Entnehmen Sie einem Lied oder Popsong einen bestimmten Satz, der zum Leitmotiv Ihrer Geschichte wird.*

Diese Märchenübung eignet sich als persönliche Niederschrift, als Geschenk, zur therapeutischen Unterstützung, in Schulen und Heimen usw.

FOKUS INDIGO: Das Kerzenorakel als Symbol für unsere Existenz

Gershom Scholem hat in seinen Farbuntersuchungen zur Kabbala das Bild der Kerzenflamme benutzt. (siehe Anm. 95) Das innere Blau der Flamme stellt den göttlichen Thron dar, der noch mit der Materie verbunden ist. Auf diesem Thron »sitzt« das hellere gelbliche Licht der Kerzenflamme. Das Blau der Flamme ist die alte Tekeleth-Interpretation, die die gleichen Wurzeln hat wie die arabisch-orientalische Vorstellung von Blau als Farbe der Trauer und der Sehnsucht nach Gott.

Zum Vorgehen:
1. *Überlegen Sie, für welche Frage/welches Problem Sie eine Antwort möchten.*
2. *Formulieren Sie die Frage in einem Satz.*
3. *Nehmen Sie ein Kartenset (Tarot, Farben, Tiere usw.)*
4. *Zünden Sie eine Kerze an oder stellen Sie sich eine brennende Kerze vor. Konzentrieren Sie sich auf die Kerze.*
5. *Jetzt ziehen vier Karten für die folgenden Themen:*
   * *Kerzenwachs: meine Persönlichkeit*
   * *Docht: mein Wesenskern*
   * *Gelber Flammenteil: dies sagt das Problem zu mir*
   * *Blauer Flammenteil: die göttliche Antwort im Innersten des Problems*

Diese Übung ist sehr stark, machen Sie sie daher nicht leichtsinnig! Sie werden spüren, dass daraus eine innere Verpflichtung erwächst gegenüber der Fragestellung. Mit der Kerzenmeditation wird ein Bewusstwerdungsprozess gestartet, der einige Zeit in Ihnen arbeiten wird.

BLAU und INDIGO: Farbtherapie pur

Blaue Lebensmittel

Heidelbeeren:	*ausgleichend, Kraft und Leichtigkeit spendend, Blutzuckerregulation*
Schwarze Johannisbeeren:	*Infektbekämpfung (Harnwege) Erdung, Auraschutz*
Zwetschgen:	*gegen seelische Misère, Schockauflösung (cf. Orange)*
Blaue Trauben	*geistige Reinigung und Lockerheit*

Blaue Steine (fördern alle die Kommunikation)

Lapislazuli	*Freundschaftsstein, gegen Panik, Blutdruck ausgleichend*
Sodalith	*Blutdruck senkend, stabilisierend*
Saphir	*altes Augenheilmittel (Hildegard von Bingen), Treue zu sich selber*
Aquamarin	*Heiterkeit, Probleme kreativ angehen*
Türkis	*Schutzstein gegen Angst und Angriffe, Humor*
Larimar	*Ruhe in der Dramatik= im Auge des Hurrikan*
Sodalith	*wagen, eigenes Bewusstsein zu entwickeln*

GRÜN:
IM ZENTRUM DER REGENBOGENLOGIK

Wachstum

Grün ist die Farbe des *Islam*. »Schon allein das Anschauen von Grün ist Gottesdienst«, dieser berühmte Spruch Mohammeds hat eine enge Verbindung zum *Glauben durch den direkten Gotteskontakt*. Es wird damit auch der Bogen zu den alten Naturreligionen geschlossen, denn Grün bedeutet Wachstum auf unserem Planeten. Und was bedeutet Glauben anderes als *Wachsen, bzw. Erwachsen werden*? Wie stark der Islam mit der Wachstumssymbolik verbunden ist, zeigt auch sein Wahrzeichen, die Mondsichel, sowie die Verwendung des Mondkalenders.

Auch die Wortbedeutungen für Grün gehen auf den Wachstumsbegriff zurück. So gibt es im romanischen Sprachraum die Wurzel *ueis = spriessen, wachsen* und im deutschen *grho=wachsen,grünen*. In jeder Kultur hinterlässt die Grünsymbolik ihre Spuren, denn es ist der lebendige Faden, der den Menschen mit der Schöpfung verbindet. Darum tauchen auch in Märchen und Erzählungen immer wieder grüne, Leben spendende Symbolfiguren auf. In islamischen Er-zählungen ist es der *Chidr, der Hüter des Lebenswassers,* in Europa der *grüne Mann,* der Naturkräfte oder Naturwesen darstellt.

Das *Christentum*, die Religion mit einem eigentlichen Blut- oder Rotkult, hat sich einen auffällig *ambivalenten* Sinn für das komplementäre Grün erhalten. Grün ist eine liturgische Farbe, sogar *nobilissima viriditas* bei Hildegard von Bingen und *die schönste Farbe* für Hugo von St.Victor. Auch Heiligenscheine »grünen« in einem Evangeliar des Mönches Herimann aus dem 12. Jahrhundert und

Johannes der Täufer auf dem Genter Altar (Van Eyck, 1432) trägt ein grünes Gewand.[105] Doch bei all dem bleibt der »grüne Geist der Natur« in der christlichen Interpretation ein *heidnischer Geist* und wird leicht zur Projektionsfläche für negative Wertungen, Grün wird sogar zur eigentlichen *Teufels- und Drachenfarbe*.

Es ist tatsächlich nicht ungefährlich für die auf Sicherheit bedachte Psyche, sich der mystischen Grünkraft der Natur auszusetzen. Wo immer wir Grün begegnen, regiert das Wachstum, und es gibt bekannterweise kein Wachstum ohne Veränderung. Grün kann darum nichts anderes symbolisieren als die Funktion des *Wechsels* und zwar in allen möglichen Ausdrucksformen von *ausgleichen, umtauschen, transformieren, abwechseln, anpassen, ersetzen, abkürzen, erweitern, abwandeln, ausgleichen, erörtern, uminterpretieren* usw. Der Wechsel ist prinzipiell in der Veränderungskraft des Lebens enthalten, er bedeutet ganz einfach *Lebendigkeit*.

Werfen wir einen Blick auf das Schema der Regenbogenlogik: In der Mitte stehen Grün und Magenta übereinander, das heisst, es handelt sich hier um eine besondere Form der Komplementarität. Wenn Magenta als Mischung von Violett und Rot die stabile Qualität des *»Genau und immer dies«* darstellt, dann vertritt Grün die Lebendigkeit des *»Nicht so, sondern anders«*. Grün ist ein Veränderungsruf, der heute bis in die Politik vorgedrungen ist, denken wir an die *Change-Rhetorik* von Clinton und Obama! Magenta und Grün bilden ein besonders schwieriges Gleichgewicht zwischen *Sicherheit und Unsicherheit*, zwischen *Stabilität und Herausforderung* und folglich auch zwischen *Zweifel und Glauben*. Es ist das zentrale Gleichgewicht, das sich in allen natürlichen Abläufen ausdrückt und dem sich jede Philosophie und jede Therapie stellen muss.

---

105   nach Andreas Hebestreit: Die Soziale Farbe, LIT Verlag Wien/Zürich 2007, S. 105ff. vor allem S. 127-129

Biologisch äussert sich die Funktion des Wechsels in der *Photosynthese*, der grünen Lunge unseres Planeten. Grün und Licht gehören zusammen, und dies sowohl im Funktionieren von Chlorophyll (dem Einbau von Kohlestoff in der Pflanze durch CO_2 und Sonnenlicht) als auch bei der Reproduktion der Chloroplasten (den Organellen, die Chlorophyll enthalten). Im Wachstumsprozess der Pflanzen steht Grün zwischen Licht und Materie, zwischen innen und aussen. Wie beim Sehprozess werden dabei Signale bzw. Energien von der physikalischen auf die chemische Ebene übertragen (gewechselt).

Die Verknüpfungen *Grün-Licht-Sehen-Wachstum* sind also essentielle biologische Wahrheiten. Die chinesische Medizin hat dies bemerkt und teilt Grün das Element Holz (Wachstum) sowie dem Gesichtssinn zu. Dazu muss man wissen, dass sich die Medizin der fünf Elemente den Körper symbolisch als Hofstaat vorstellt. Die Farbe Grün gehört zur Leber, dem »General«, der immer die *Übersicht* bewahrt. Entgiften, Speichern und Aufbauen, alles, was die Leber leistet, lässt die Lebensvision »grünen«. Betrachten wir nochmals das Regenbogenschema, so befindet sich Grün ja auch hier auf einer Art Überblicksposten, nämlich in der Mitte, von der aus die komplementären Funktionen rechts und links *abwechselnd tätig werden*.[106]

---

106 Es ist aber nicht so, dass die Funktion von Grün deshalb wichtiger wäre, denn jede einzelne Funktion wirkt auf alle andern Funktionen in ihrer speziellen Weise.
Das bedeutet im Einzelnen:
– Die Repetitionsfunktion lässt andere Funktion sich wiederholen.
– Die Bindungsfunktion verknüpft andere Funktionen.
– Die Organisationsfunktion lässt komplexe Funktionszusammenhänge entstehen
– Die Selektionsfunktion wählt irgendeine eine andere Funktion aus, d.h. aktiviert sie.

Das grüne Selbst

Tief im Menschen liegt das Wissen vergraben, dass das *grüne Gesetz des Wandels* etwas Göttliches ist. Indem der Mensch die »grünen« Gesetzmässigkeiten der Evolution und des Wachstums zu verstehen versucht, wird er ein Architekt von Theorien rund um Raum und Zeit. Er versucht nichts Geringeres, als das Geheimnis des Werdens zu ergründen, denn er ist »das Tier, das *warum* fragt«. Dies alles gehört zur beunruhigenden Farbe Grün. Forschen und Ergründen sind also eigentlich »grüne Tätigkeiten«, denn sie tragen das Potential in sich, laufend das Weltbild zu verändern.

Der Mensch, der dazu geboren ist, die Wirklichkeit zu erforschen, trägt selber den Geist der Evolution sich. Wird er in seinem Leben mit Widerständen konfrontiert, dann reagiert er nicht immer mit Kampf oder Logik. Nein, *manchmal wächst er einfach über die Probleme hinaus.* Dass der Mensch verschiedene Möglichkeiten hat, Veränderungen zu bewältigen ist wahrscheinlich nötig, denn nichts jagt ihm mehr Angst ein, als die Dynamik des Lebens an sich. Dazu eine Aussage, die ich einmal in einem spirituellen Seminar hörte: *Zuerst hat der Mensch Todesangst, dann kommt die noch stärkere Liebesangst und zuallerletzt die grösste aller Ängste, die Gottesangst.*[107] Und die Gottesangst hat sehr viel mit der Angst vor Veränderungen, mit der Angst vor Lebendigkeit zu tun.

– Die Wahrnehmungsfunktion steht hinter der Erkenntnis der Funktionen durch das Prinzip der Komplementarität.
– Die Einordnungsfunktion ermöglicht das Zusammenspiel aller Funktionen.
– Die Qualitätsfunktion bestätigt das ganze System so, wie es ist.
107 Pieter Volger in einem Seminar in Zürich 1993 (Metatron-Channeling)

Diese tiefe *Angst vor der Lebendigkeit* spiegelt sich in der grundsätz-lichen Verunsicherung unserer westlichen Gesellschaft gegenüber der Farbe Grün.[108] Dabei löst Grün absolut nicht nur Verunsiche-rung aus, sondern auch das Gegenteil, denn jede Farbfunktion steckt immer einen ganzen Themenbereich ab. Es gibt also auch das *absichernde, beruhigende* Grün. Wahrscheinlich tritt dieser Zustand der Ruhe dann ein, wenn wir uns quasi »im Auge des Orkans« befinden, d.h. das Leben als Veränderungsprozess ak-zeptieren. Über das »ruhige Grün« kann man sich auch die Zu-ordnung zum *Gemüt* erklären. Grün wird oft als phlegmatische, eben »gemütliche« Farbe empfunden, als Gegenfarbe zur zielge-richteten Aktivität von Rot. Der Künstler und Farbentheoretiker Kandinsky geht so weit, dass er Grün mit einer wiederkäuenden Kuh vergleicht![109] *Reale Befriedigung* soll Grün auch nach Goethe auslösen, *man will nicht weiter und kann nicht weiter.*[110] Und wo man nicht mehr weiterkann, ist man bei sich selbst angekommen ... Grün ist deshalb die Farbe der *Selbstbezüglichkeit!*[111]

Auch Lüscher argumentiert in diesem Sinn und ordnet Grün der *Selbstachtung* zu. In seinem Buch »Der 4- Farben- Mensch« verwendet er für das positive »grüne« Selbstwertgefühl das Bild des *Edelmannes,* für das negative »Grünverhalten« die Symbolik des *eingebildeten Pfaus* oder der *wendigen Schlange.*[112] Schade, dass er mit dem zweiten Vergleich das alte christliche Drachenkli-schee aufnimmt. Ursprünglich war die Schlange ja ein Sinnbild für Heilung, woran uns noch heute das Apothekerlogo erinnert.

---

108 Die Ablehnung von Grün hängt sicher mit derjenigen von Gelb zusam-men. Vgl. das über Zitronengelb und Lemon Gesagte, sowie das folgende Kapitel über Grün und Gelb S. 108ff.
109 Über das Geistige in der Kunst, S. 94
110 Sinnlich-sittliche Wirkung der Farbe, Punkt 802
111 In der Regenbogenlogik wird dies klar durch die Achsenposition der Funktion von Grün.
112 Goldmann, München 1991, S. 20, 104ff. und 109ff.

Wendig hingegen ist etymologisch mit *Wandel* verbunden – die Verbindung zur Wechselfunktion, die *Not-Wendiges* bewirken soll, ist offensichtlich!

Machen wir uns dabei bewusst, dass Lüscher in der Farbpalette des Achtfarbentest und des »4-Farben-Menschen« von einem *spannungsgeladenen Blaugrün* ausgeht. Es scheint, als ob diese kältere introvertierte Grünvariante, eine Art Spiegelkabinett des Selbst, eher seiner Urvorstellung von Grün entspricht. Den andern wärmeren Grünpol umschreibt er folgendermassen: *Grün kann tatsächlich auch Hoffnung bedeuten, aber nur in dem besonderen Farbton, den die jungen Blätter und Knospen im Frühling haben. Nur Grüngelb als erwartungsvolles Sich-Aufschliessen entspricht der Hoffnung.*[113]

Zu Grün gehören aber *beide Pole*: das kalte Blaugrün (Richtung Einordnungsfunktion) und das warme Gelbgrün (Richtung Organisationsfunktion). Zusammen bilden Blaugrün und Gelbgrün, das heisst *Reflexion und Wachstum,* unser psychisches Potential, den *Garten des Selbst*: es ist die geheimnisvolle Selbstbezüglichkeit des Lebendig Seins. In diesem Garten des Selbst hütet der *Chidr* das Wasser des Lebens. Es ist gleichzeitig der Ort der Treue zu sich selbst, der *Authentizität.* Und wer mit sich selber in Übereinstimmung ist, befindet sich auch zur richtigen Zeit am richtigen Ort. Hier erstreckt sich Grün nach den Regeln der Regenbogenlogik direkt in die gelben und blauen Funktionsbereiche!

---

113   ebda. S. 198. Man könnte Lüschers Affinität zu Blaugrün auch durch die Struktur seines Tests bzw. Modells erklären, gefühlsmässig tippe ich eher auf obige Variante.

Rotes Herz-grünes Herz

Im mittelalterlichen Kleidungscode bedeutete Grün die Hoffnung auf Liebe. Mit geringerer Lebenserwartung als heute und physisch unter der Härte des Winters leidend, verstanden die Menschen das Grün des Frühlings ganz klar als seelisch-gefühlsmässige Aufforderung. Noch im 17. Jahrhundert wurde nach dem grün gekleideten Helden *Seladon* aus einem Schäferroman von Honoré d'Urfé der gleichnamige Farbbegriff kreiert, den man später auch für das grüne Chinaporzellan verwendete.

Aber nicht nur an die Liebe erinnert der grüne Neubeginn im Frühling, sondern auch an das Mysterium der Unsterblichkeit. So wie es *immergrüne* Pflanzen gibt, aufersteht das verschwundene Grün jährlich. Grün ist ständig im Aufbruch und vertritt daher geistig und religiös das Prinzip der *Hoffnung*. In der romanischen Interpretation und bei Lüscher sahen wir, dass sich der Fokus der Hoffnung dabei vor allem auf die Gelbkomponente, den »Lichtpol« von Grün richtet.

Ist die Liebe jetzt grün oder rot? Natürlich beides! Das Herz als klassisches Liebessymbol kennen wir in knallroter Farbe, zum Beispiel auf Spielkarten. Genau so gibt es aber auch die Verknüpfung von Grün und Herz! Im Volksmund ist die linke Körperhälfte, die Herzseite, auch die *grüne Seite.* Und tatsächlich war das Herzsymbol ursprünglich grün. In Keramik, Malerei und Bildhauerei verschiedener Kulturen entwickelte es sich aus der Darstellung von herzförmigen Feigen- und Efeublättern.[114]

---

114 Vgl.Prof. Armin Dietz auf www.heartsymbol.com. Aufschlussreich ist folgender Satz: *Die endgültige Verwandlung des Efeublattes in das rote Spielkartenherz der seelischen und körperlichen Liebe geschieht parallel zur Säkularisierung der religiösen Herzmetapher zum weltlich-höfischen Herz der mittelalterlichen Minneliteratur. (S.2-3)* Das Herzsymbol ist somit ein Beispiel für

Rot und Grün stehen sich nahe: Nicht nur ähneln sich die Absorptionsspektren der (oppositionellen) *roten und grünen Farbrezeptoren* auf der Netzhaut, sondern auch die chemischen Strukturen von *Chlorophyll und Hämoglobin.* Es sind auch diese zwei wichtigen Moleküle, die Rot und Grün psychologisch zur *Farbachse des Überlebenswillens* machen: Über das Hämoglobin identifiziert sich der Mensch in erster Linie mit Rot, Grün ist ihm grundsätzlich fremder, denn es betrifft ja nicht seinen Körper direkt. Diese tendenzielle Fremdheit von Grün zeigt sich zum Beispiel in der Vorstellung von grünen Marsmännchen und grünen Naturgeistern.[115] Das Grün der Wechselfunktion gerät also leicht in den Sog des *Abwendens,* es ist das Nicht-Menschliche oder dann das Inner-Menschliche, das seelisch noch Unbekannte.

Ein wichtiger farbpsychologischen Unterschied besteht darin, dass Rot *ziel- oder produktorientiert,* Grün jedoch *prozessorientiert* wirkt. Inge und Gerd Schilling haben diesen Gegensatz herausgearbeitet und assoziieren Rot mit *halten, arbeiten, kauen und erobern* Grün mit *erhalten, verarbeiten, verdauen und sichern.*[116] Ähnliches geschieht beim Unterschied zwischen einem reinen Affekt (Rot/erröten) und dem Resultat eines längeren Empfindungsprozesses (Grün/mögliche Organbeschwerden, die sich auf dem Teint spiegeln). Ausdrücke wie: *Rot werden vor Wut, Scham oder Freude* bezeichnen etwas Momentanes im Gegensatz zum »gewachsenen« Grün der *Hoffnung* oder des *Neides.* Auf das Herzsymbol bezogen sagt Rot: *Mein Herz schlägt für etwas/jemanden.* Zu Grün hingegen

---

die in der Regenbogenlogik angesprochene Umstellung im europäischen Denken von Grün zu Rot (vgl. Blauer Planet zwischen Rot und Grün S. 18ff.)

115 Vgl. als neueres Beispiel die gigantischen Filmproduktionen rund um »Shrek«

116 Symbolsprache Farbe, S. 51

würde das Bild des *Im Herzen hin und her Bewegens* passen, im Sinne von fühlend denken. Auch das *Chakrensystem* kennt die grüne und, in Abwandlung von Rot, die rosa Farbzuordnung zum Herz. Nach allem, was wir von Rosa hörten, wissen wir, dass sich Rosa und Grün näher stehen als Rot und Grün, denn beide haben einen balancierenden, ausgleichenden Effekt.

Das punktuelle Rot und das zeitverzögerte Grün drücken sich auch ganz verschieden im menschlichen *Rechtsempfinden* aus. Werfen wir einen Blick auf den Lebensbaum der Kabbala. Dort befindet sich die Farbe Rot im Energiezentrum *Gebura* auf der rechten Seite. Es ist die Seite, die männlich und sonnenhaft interpretiert wird. Auf der linken Säule, der Mondseite des Lebensbaumes, liegen die blauen und grünen Farbzentren, *Chesed* (Gnade) und *Nezach* (Sieg, eigentlich das Vitalitätszentrum). Werden nun diese zwei Seiten des Lebensbaumes im menschlichen Gerechtigkeitssinn aktiv, so gibt es ein Urteilen entweder nach der »roten Sonnenlogik« oder nach der »grünen Mondlogik«. Rot ist beispielhaft für *Härte* in der Gerechtigkeit. Scharfrichter waren früher zum Beispiel rot gekleidet. Das können wir jetzt verstehen dank der Repetitionsfunktion, die abgrenzt und dabei Teile bildet, also *ur-teilt* im wahrsten Sinne des Wortes. Die Funktion von Grün dagegen ist *vermittelnd und ausgleichend*, »Grün nimmt sich die Zeit zur Einschätzung der Lage«. Es gibt zum Beispiel die Bestrafungsform durch Schuldzahlung, was einem *Handel* entspricht. Handel ist aber nichts anderes als eine Form der Wechselfunktion! Auch in der Bibel finden wir diese beiden Arten der Gerechtigkeit als »rotes« Prinzip der Rache und als »grünes« Prinzip der Vergebung.

Gelb und Grün: Natur- und Narrenfarben

In ihrer Autobiografie »Blauer Himmel Grüne Erde« erzählt die Klettgauer Schriftstellerin Ruth Blum von ihrem Grossvater, einem Landschaftsmaler. Dieser einfühlsame Mann zauberte seine eigene Mythologie aus dem Farbkasten:

Da war als Erster Leberecht Gelb, der Meister der Frühlingswiese. Alle Mücken und Käfer waren ihm untertan. Er war ein vorlauter, lärmender Bursche. Die Augen taten mir weh, wenn ich ihn durch die Felder streichen sah in seinem schwefelgelben Gewande er trug eine Mütze von geflochtenen Sonnenstrahlen. In der Rechten hielt er eine Riesenzitrone, die unten ein winziges Löchlein hatte. Da floss ohne Ende ein heller schäumender Saft heraus. Und überall, wo er hintröpfelte, schossen gelbe Frühlingsblumen aus der Erde: Löwenzahn, Habichtskräuter, Hahnenfüsse und Potentillen. Viele Fliegen und Bienen surrten hinter Leberecht her. Wenn man lange lauschte, konnte man es in den Lüften sausen hören:»Mehr Gelb, Leberecht, mehr Gelb! Gelb ist Leben. Leben ist Gelb ... .

Wie anders stand ich mit Wunnibald Grün, dem Herrn der kühlen schattigen Wälder! Oft ging ich Hand in Hand mit ihm durch den dämmrigen Forst. Er hatte einen Moosbart im dunklen Gesicht und auf dem Haupte ein kleines grünes Hütlein, dem ich zauberische Kräfte zuschrieb ... Er nahm sein kleines Hütlein ab – da war er auf einmal meinen Blicken entschwunden. Und mit ihm war alles Grüne weg. Jetzt hatten die Tannen schwarze Nadeln und die Laubbäume rotbraune Blätter wie im Herbst. Gräuliche Efeuranken hingen von den Bäumen, tintenblaue Grasbüschel standen am Wegrand und violette Moospolster spannten sich zwischen den Stämmen aus. Tot und schaurig lag der Wald. Seinem Boden entstiegen stickige Dünste. »Herr Grün!« rief ich angstvoll, »Herr Grün, wo stecken Sie denn? Kommen Sie schnell, die Luft geht mir ja aus!« Da raschelte es in den grauroten Büschen und das grüne Hütlein tauchte wieder auf. Und damit floss alles Grüne zurück. Weg war der Spuk.«[117]

»Leberecht« und »Wunnibald« hatten, wie bekannt, in Europa einen schweren Stand. Gelb bedeutete Neid, Verrat und Ketzertum und Grün war die ambivalente Farbe par Excellence mit den Extremwerten von Wahnsinn und Verlust sowie Liebesbeginn und Hoffnung. *Zusammen* waren sie die *Narrenfarben* vom Mittelalter bis ins 18.Jahrhundert, eine Farbkombination, welche die *Überschreitung der sozialen Norm* bedeutete![118] Kulturhistorische Hinweise liefert der höfische Artusroman. Tritt hier ein grüner Ritter auf, so bringt das immer eine gewisse Störung mit sich. Ein Zeichen der »chaotischen Natur« und der Übertretung des »Bon Sens« ist auch die gelb-grüne Farbkombination auf dem Schild des Ritters *Segremur*. Interessanterweise ist *Segremur* über seinen Namen mit einem Baum, der Sykomore, verbunden! [119]

Segremurs Schild passt deshalb zu einem Europa, das sich eifrig mit der Rodung von Waldflächen beschäftigt, das sich einer »roten« Ordnung verschrieben hat und ein Prinzip des Wechsels, wie es die Natur selber vorzeigt, zu eliminieren, mindestens aber zu bändigen oder zu verlächerlichen versucht. Kurz gesagt: Grün wird in einer solchen Gesellschaft zum Störfaktor![120]

In Naturgesellschaften hingegen, auch wenn sie mit europäischen Farbsymbolen infiltriert wurden, ist das Grün des schöpferischen

---

117   Huber, Frauenfeld 1941, S. 13f. und 15f.
118   Vgl. Michel Pastoureau: Figures et couleurs, Le Leopard d'Or, Paris 1986
119   Ebda. S. 23ff. Auch Tristan, der töricht Liebende, hat übrigens ein gelbgrünes Schild!
120   Eine andere Möglichkeit ist es, Grün als »Revolutionsfarbe« zu interpretieren. Hebestreit gibt prägnante Beispiele für eine solche These u.a. mit den »grünen Wegen« des arianischen Gotenkönigs Theoderichs oder mit der Grünvorliebe Napoleons. (S. 119ff. und S. 138)

Wandels, das die Zeitrhythmen (Gelb) entstehen lässt, ungebrochen positiv bewertet. In *Afrika* zum Beispiel wird die Herrscherfarbe Gelb mit Reichtum, nicht aber mit Verrücktheit assoziiert. Wobei noch anzumerken ist, dass Verrücktheit in Afrika oft einen heiligen Anstrich hat! Auch die Farbkombination Grün-Gelb erfreut sich einer grossen Beliebtheit auf afrikanischen Flaggen.

Im Santeria-Kult der Yoruba aus Nigeria ist der Zweiklang Gelb-Grün dem Orisha *Orunmila* zugeordnet. Dieser Gott lebt im Himmel und auf der Erde und spricht durch das IFA-Orakel. Er ist eine *Vermittlerfigur,* die Ratschläge mit Weisheit, Barmherzigkeit und Gerechtigkeit erteilt. Aufschlussreich ist in der Folge, hinter welcher christlichen Heiligenfigur die verschleppten Sklaven ihren Gott Orunmila versteckten. Niemand anderer als *Franz von Assisi* mit seiner aussergewöhnlichen Naturverbundenheit hat sich perfekt dazu angeboten! Es ist der »afrikanischste« Heilige, wenn man das so sagen darf, beinahe ein Vermittler zwischen den Religionen. Die Farbkombination der Natur, Gelb-Grün, zeigt jedenfalls kulturübergreifend, dass wir Menschen alle unter der gleichen *Not-Wendigkeit* (Grün) leben, Weisheit und Reichtum (Gelb) richtig zu verwalten!

Spezialfarbe Türkis: Der Delfin unter den Farben

Flipper, der kluge Delfin, tauchte in den 60er Jahren des 20. Jahrhunderts auf – nicht nur als TV-Star, sondern auch als wichtige Identifikationsfigur für ein neues Lebensgefühl. Denn das Delfinische steht für unser Bedürfnis nach potenzierter Lebendigkeit, seine Symbolfarbe ist das Türkis des Meeres, die Gegenfarbe unseres Rotkultes! Der feinfühlige Delfin »zwitschert« es uns zu: Das Wassermannzeitalter ist angebrochen!

Schon in der Antike wurde der Delfin besungen, aber eigentlich reicht die Freundschaft Delfin-Mensch noch weiter zurück, in die Anfänge unseres Planeten. Zoologisch ist der »Hund des Meeres« ein wolfsähnliches Raubtier, das während der Evolution ins Meer zurückkehrte und einen stromlinienförmigen Körper entwickelte. Mit seinem Körper, der den Wellen gleicht, vertritt der Delfin die perfekte Symbiose von Form und Ausdruck!

Tatsächlich haben die Lebendigkeit von Delfin und Türkis sehr viel mit *Kommunikation* zu tun. Türkis setzt sich aus den Komponenten Blau und Grün, aus den Funktionen der Einordnung und des Wechsels zusammen. Und beim Kommunizieren geht es ja um nichts anderes als den Austausch (Grün) und die Einordnung (Blau) von Informationen! In *Türkis als Mischung* durchdringen sich Blau und Grün neu zu einer Einheit, das heisst, die Kommunikation wird *verabsolutiert*! Die türkis Kommunikation ist »stromlinienförmig«, präziser, gefühlsgebundener, direkt wie Lachen und Weinen.[121] Eine technische Vision dieser absoluten Kommunikation leben wir bereits im *World Wide Web*, durch dessen Informa-

---

121 Aura-Soma hat einen Pool von Interpretationen für Türkis, den »Tausendsassa« unter den Farben bereit gestellt: Es ist unter anderem die Farbe für die Herzenskommunikation, für das Intuitive und Kreative und nicht zuletzt (ähnlich wie bei Lemon) auch für den Thymusbereich. Die

tionsmeer wir delfingleich schwimmen. Ununterbrochen werden hier Informationen eingeordnet (Blau) und ausgetauscht (Grün). Doch dass Menschen in ihrem Wesen keine Delfine sind, zeigt gerade der Begriff des Netzes, des *web*. Während Fangnetze in Realität für Delfine eine Gefahr darstellen, ist der mit Händen versehene, d.h. *handlungsfähige* Mensch technisch beinahe ununterbrochen am Erstellen von Werkzeugen physischer oder geistiger Art interessiert. Der Mensch ist daher immer, im positiven oder negativen Sinn, am *Manipulieren* interessiert. Das türkisfarbene Lebensgefühl schaltet also Mensch und Delfin nicht gleich, es demonstriert eher ihre verschiedenen Möglichkeiten im Leben und im Kommunizieren.

Wie bei der Tätigkeit des Herzens, bedeutet Türkis Anspannung und Entspannung in Einem.[122] Es schirmt gegen aussen ab und fördert gleichzeitig Veränderungsprozesse im Innern. *Meergrün* wird deshalb oft von Schwangeren kurz vor der Geburt gewählt.[123] Türkis ist aber nicht nur eine Farbe für die physische Schwangerschaft. Immer, wenn grosse Veränderungen anstehen, wenn eine *Not-Wendigkeit* (Thema Grün) zur persönlichen Entwicklung besteht, dann ist Türkis die ideale Heilfarbe. Das zeigt sich schön bei den »türkischen Steinen«, die mit den Kreuzzügen nach Europa gelangten und schon seit Menschengedenken verehrt wurden. Sie gelten als die Beschützer von Ross und Reiter, sind also »Wegbe-

---

Querverbindung zum Wassermannzeitalter wird über die Quintessenz des *Maha Chohan,* eines aufgestiegenen Meisters, hergestellt.

122   Darum finden wir auch beide Ansätze bei den Theoretikern, den Entspannungsansatz bei Schilling (Symbolsprache Farbe, S. 75ff.) und die Betonung von »Willensanspannung und Beharren« bei Lüscher (Der Lüschertest, S. 24) Mit seiner harmonisierenden Doppelwirkung gleicht Türkis im Wesen stark Rosa, das ja gleichzeitig beruhigt und anregt!

123   Schilling S. 75. *Meergrün* ist oft Ersatzwort für Türkis, bezeichnet aber bei Schillings und Lüscher ein eher dunkles Blaugrün.

gleiter«. Von der dunklen Türkisfarbe im Malachit, dem »Schreckstein«, sagt man, dass sie Böses und Dämonisches abwehrt.[124]

Die Farbe Türkis enthält auch das geheime Wissen, dass Himmelblau und Erdengrün ursprünglich als *Einheit* empfunden wurden. Es ist das *magische Blaugrün der Naturvölker*, die in ihrem Denken die blauen und grünen Farben des Lebens oft in *einem* Begriff zusammenfassen.

Im Chinesischen, das in seiner Schrift noch die archaischen Bildvorstellungen enthält, gibt es zum Beispiel den Begriff ts'ing (*qing*), welcher je nach Zusammenhang seine Bedeutung verändert. Ts'ing – ts'ao heisst »grünes Gras«, ts'ing – t'ien hingegen »blauer Himmel«.[125]

Im Farbenkompass von Feng Shui ist Blaugrün übrigens die Farbe des Ostens, der spriessenden Saat, des Frühlings und der Familie. Das Blaugrün, das hinter dem Gesetz der Fortpflanzung steht und farbenpsychologisch äusseren Schutz mit innerer Wandlung verbindet, entspricht offensichtlich dem chinesischen Sicherheitsbedürfnis in allen familiären Belangen.

Wie wir mehrmals sahen, wird bei jeder Farbe immer die *ganze Spannweite* eines Themas abgedeckt. Deshalb hat Türkis nicht nur mit Schutz, sondern auch viel mit *Schutzlosigkeit* zu tun. Das können wir mit der Gegenfarbe Feuerrot aufschlüsseln. Im Gegensatz zum ernsthaften, ja »sturen« Rot ist Türkis eher humor-

---

124 Einem antidämonischen Effekt dienten im alten Ägypten auch die blaugrün bemalten Augenlider! Der Begriff »Malachit« selber bedeutete auch »Freude«. Vgl. Reallexikon für Antike und Christentum, Band VII, Anton Hiersemann, Stuttgart 1969, S. 371

125 Vgl. Ulrich Unger: Farbe, Wirklichkeit und Symbol in der chinesischen Antike, Palette 19, 1965. Im Japanischen geschieht die gleiche Blau-Grün-Verschmelzung im Begriff *aoi*.

voll, verspielt aber auch *klischeehaft.* So wie Türkis eine beliebte Mode-Farbe für *Kosmetika* ist, wurden in den Kulten der südamerikanischen Völker die Blutopfer unter türkisfarbenen *Masken* verborgen. Der Farbe Türkis muss man charakterlich gewachsen sein, sonst wird sie zur (manchmal unbewussten) Trägersubstanz von Grausamkeit und Härte. Diese Schutzlosigkeit, die Türkis bewirken kann, ist auf die Bedeutung der *absoluten Kommunikation* zurückzuführen. Absolute Kommunikation zeigt sich gesellschaftlich in der potentiellen *Auswechselbarkeit* und *Manipulation* gegenüber dem Individuum. Jeder kann in einer beschleunigten und vernetzten Welt, in der die Funktionen von Grün (Wechsel) und Blau (Einordnung) exzessiv gelebt werden, unversehens der Kommunikation selber geopfert werden! Das heisst, dass das Individuum im »türkis« Informationszeitalter sehr leicht nur noch als *Informationsträger* identifiziert wird. Farbenlogisch kann hier die *magenta Funktion* einen wichtigen Ausgleich schaffen, denn Magenta betont die *Qualität des Einzelwesens!*

Zum Schluss kommen wir nochmals zu der grossen positiven Herausforderung, von Türkis. Im Gegensatz zur *emotionalen Intelligenz* von Rot verkörpert Türkis die *spielerische Intelligenz.* Mit *Spiel* ist nicht nur Unterhaltung, sondern auch der *Spielraum* unserer Aktivitäten gemeint. So wie es uns die Delfine klarmachen, können wir die Einbindung in den unübersichtlichen Ozean des Lebens oft nur mit einer spielerischen Haltung beantworten. Wir schwimmen dann *mit den Gefühlen und Gedanken,* wir begleiten sie oder sie begleiten uns, ohne dass wir uns gleich damit identifizieren. Deshalb ist Türkis die Farbe der *spirituellen Begleitung!*

Grün im Überblick

Die Farbe Grün bedeutet:

WECHSEL

WACHSTUM

LEBENDIGKEIT

SELBSTBEZÜGLICHKEIT

SICHERHEIT

HOFFNUNG

GLAUBEN

SPIRITUELLE BEGLEITUNG

REGENBOGENLOGIK

Magenta:
Q
U
A
L
I
T
Ä
T

Rot:	Orange:	Gelb:	Grün:	Blau:	Indigo:	Violett:
R	B	O	W	E	W	S
E	I	R	E	I	A	E
P	N	G	C	N	H	L
E	D	A	H	O	R	E
T	U	N	S	R	N	K
I	N	I	E	D	E	T
T	G	S	L	N	H	I
I		A		U	M	O
O		T		N	U	N
N		I		G	N	
		O			G	
		N				

157

PRAXISTEIL GRÜN

Recycling

Die Recyclingidee wird immer weitere Kreise ziehen. Die Errungenschaft einer bestimmten Zeit (Gelb) wird im Wechsel (Grün) wieder ins Ganze eingegliedert (Einordnung/Blau)

Inspirationen zum Recycling:
- *Ein Geschenk kann verändert weitergeben werden.*
- *Aus Essensresten entstehen originelle Gerichte.*
- *Kunstgegenstände aus gebrauchten Materialien entlasten die Umwelt.*
- *Unterstützen Sie das Recycling von Elektrogeräten (»urban mining«!)*
- *Notizen auf Briefumschlägen wirken inspirierend.*
- *Lassen Sie Ihre Kinder mit ausgedienten Gegenständen spielen.*
- *Ideen recyclen bedeutet Erkenntnisse von Wissensgebieten zu verknüpfen.*

Geistiger Kontakt mit Pflanzen

Bekannt ist der Brauch, bei der Geburt eines Kindes einen Baum zu pflanzen. Die Verbindung zwischen Mensch und Baum bleibt dann ein Leben lang erhalten. Genauso sind Bäume Helfer bei Krankheiten. Sie liefern Pflanzenmedizin, sie reinigen die Aura und spenden Kraft. Wenn Sie genauer hinfühlen, werden Sie entdecken, dass auch Ihre Zimmerpflanzen Begleiter sind in Ihrem Alltag.

Es gibt viele Möglichkeiten zu einer Pflanze Kontakt aufzunehmen. Man kann sie physisch berühren, aber auch ein Gedanke an sie genügt.

Wichtig ist es, dass wir Menschen Pflanzen (Bäumen) etwas zuliebe tun, vor allem wenn wir sie selber gesetzt haben, denn eine Freundschaft muss auch gepflegt werden!

Die grüne Schlange

Die grüne Funktion beinhaltet immer eine Öffnung, darum ist die grüne Schlange das Sinnbild der Entwicklungsspirale. Die grüne Dimension »speist« die gelbe Dimension der Zeit und die blaue Dimension des Raumes. »Panta rhei« – alles fliesst würde Heraklit dazu sagen, der griechische Philosoph, der ein Weltbild des steten Wandels vertrat.

Zur Übung: Sie malen eine grüne Spirale mit Rechtsdrehung auf ein (grosses!) Blatt und bewahren es gut sichtbar auf. (Am besten hängen Sie es gleich auf.) Egal, wie viele Windungen Ihre Spirale aufweist, zwischen den grünen Linien lassen Sie mindestens 1cm Platz leer. Im Laufe eines Jahres füllen Sie die Windungen der Spirale von innen nach aussen mit roten Symbolen, zum Beispiel mit Filzschreibern oder Farbstiften. Sie können mit verschiedenen Rot- und Orangetönen experimentieren, auch Pink ist möglich.

Wichtig ist, dass diese Symbole Ihren roten »Lebensfaden« darstellen in ihrem Entwicklungsprozess. Betrachten Sie die positive Ausstrahlung und die grosse Energie der Spirale am Ende des Jahres: dies war so etwas wie Ihre »geistige Apotheke«!

Der innere Garten

Eine Vorstellungsübung um Kraft zu schöpfen:
Visualisieren Sie einen Garten, wie er genau zu Ihnen passt. Irgendwo ist das Element Wasser, als Brunnen, Wasserlauf oder auch als Regen. Wandern Sie in Ihrem Garten herum und lassen Sie Farben, Düfte und Geräusche der Natur auf sich einwirken.

Wenn Sie dies ein erstes Mal getan haben, können Sie in Stresssitua-
tionen immer wieder mal sekundenschnell in Ihren Garten »verschwin-
den«, Sie brauchen nicht einmal die Augen zu schliessen dabei. Allein der
Gedanke genügt.

Zur Erinnerung: Grün bedeutet das Thema »Raum in Veränderung«
also einen dynamisch-kreativen Raum. Staunen Sie daher nicht, wenn
sich Ihr innerer Garten immer wieder verändert!

Ein Farbdialog: Statt mit Worten mit Farben sprechen:

Sie legen mit Ihrem/Ihrer Dialogpartner/in ein Blatt bereit, das Sie in
zwei Kolonnen unterteilen und mit Ihren beiden Namen überschreiben.
Bestimmen Sie, wer den Dialog beginnt und ein kleines grünes Quadrat
oben in seine Kolonne malt. Jetzt ist die zweite Person an der Reihe und
»antwortet« mit einem farbigen Quadrat auf seiner Seite. Jede Farbe,
auch das anfängliche Grün kann natürlich auch wiederholt werden. Jetzt
malt die zweite Person gleich weiter und setzt unter ihre Antwort eine
neue Vorgabe. Die erste Person antwortet wieder und setzt danach eine
neue Vorgabe. Jede/r Dialogteilnehmer/in hat so immer gleich doppelt
zu tun. So bleibt das Farbengespräch im Schwung! Dieses Hin und Her
können Sie so oft Sie wollen wiederholen. Es empfiehlt sich allerdings,
nach ca. zehn Wechseln zu pausieren, und das Resultat zusammen an-
zuschauen.

Diese Art der Kommunikation ist sehr machtvoll und heilend, eben
»nachhaltig«, wobei bereits der »grüne Anfang« wie eine therapeuti-
sche Frühlingsstimmung wirkt. Farbdialoge wirken ausgezeichnet als
Stressbewältigung zum »Herunterholen« der Emotionen, aber auch in
festgefahrenen Situationen, in denen die »Worte fehlen«.

Magischer Türkisgrund

Blaugrün strahlt die geheimnisvolle Sphäre der Einheit des Lebens aus, eine Einheit, wie sie noch in Märchen bewahrt ist. Für diese Übung brauchen sie Ölkreiden und einen spitzen Gegenstand (kleiner Schraubenzieher, Stricknadel, Schere, Pinselschaft, Vogelfeder usw.)

Übermalen Sie ein Papier mit hellen und knalligen Farben. Dann legen Sie eine dunkle blaugrüne Farbschicht darüber, bis der vielfarbige Grund ganz abgedeckt ist. Mit dem spitzen Gegenstand ritzen Sie nun die Oberfläche, dass in der Zeichnung auf der dunklen Fläche der erste Malgrund wieder erscheint. Wie aus einem dunklen Waldesinnern zaubern Sie nun als Sujet leuchtende Märchengestalten auf ihr Blatt. Viel Spass bei Froschkönig und Co!

Loslassen: eine Meditation

Sie setzen sich bequem hin und schliessen die Augen. Es ist wichtig, dass Sie mit den Füssen Bodenkontakt haben. Vor Ihrem inneren Auge sehen Sie einen Baum neben sich, egal ob es ein bekannter Baum oder ein Phantasiebaum ist. Wolken segeln über den Himmel, es riecht nach Frühling. Sie hören den vielen Vogelstimmen zu und sehen dabei, wie sich die braunen Knospen öffnen. Die hellgrünen Blätter entrollen sich wie kleine Sonnenschirme. Sie spüren, wie fest diese Blätter an den Ästen »kleben«. Die Sonne scheint jetzt durch die satt-grünen Blätter, Sie sitzen in einem grünen Leuchten. Eine grosse Ruhe breitet sich in Ihnen aus. Bleiben Sie so lange wie möglich bei diesem Gefühl. Jetzt kommt ein leichter Wind auf. Es wird immer kühler und der Wind wird stärker. Die Blätter des Baumes sind jetzt braun und zerknittert. Der Wind macht Geräusche, er spricht durch die Blätter »loslassen, loslassen«. Sie spüren, wie die Verbindung zwischen Ästen und Blättern nicht mehr da ist. Die Blätter sinken mit einem leisen Ton zu Boden. Dort rascheln sie weiter, bis sie zur Nahrung für den Boden werden. Die Sonne scheint nochmals auf die Äste: sie sind kahl, aber Sie sehen wie sich bereits Knospen auf den nächsten Frühling vorbereiten.

Öffnen Sie die Augen wieder: Der Baum hat Sie gelehrt, dass das Loslassen nie ins Nichts führt. Alles hängt zusammen, nichts geht verloren, und so ist das Loslassen auch nur ein Wechsel des Zustandes.

Diese Meditation können Sie mit einer Entspannungs-CD mit Naturgeräuschen oder mit klassischer Musik noch unterstützen.